AF338672

COMMISSION SPÉCIALE DES TRAVAUX PUBLICS

TRAVAUX

A EXÉCUTER AVEC LE PRODUIT

DE

L'EMPRUNT DÉPARTEMENTAL

ALGER

IMPRIMERIE J. PÉCHAUZET, RUE DES CONSULS, 22

1878

COMMISSION SPÉCIALE DES TRAVAUX PUBLICS

Séance du 2 juillet

PRÉSIDENCE DE M. E. MONGELLAS

Etaient présents :

    MM. Alph. ARLÈS-DUFOUR ;
        LAFITTE ;
        BOURLIER.

Absents :

    MM. ALPHANDÉRY ;
        E. ROBE ;
        FÉRAUD.

La séance, à laquelle assistait M. le Préfet, est ouverte à 9 heures.

Après avoir constaté que chacun des dossiers est revêtu de l'épigraphe destiné à faire connaître ultérieurement leurs auteurs, et que les plis contenant les noms et propositions des soumissionnaires sont demeurés exactement scellés, M. le Président invite la Commission à procéder à leur examen.

M. LE PRÉFET fait connaître à la Commission que bien que la décision du Conseil général ne fît pas mention du concours d'un ingénieur de l'Etat, il a cru devoir demander celui de M. Godard. Cet ingénieur, ayant répondu que ses occupations ne lui permettaient pas de s'associer aux travaux de la Commission, il y aurait lieu, et au préalable, avant de passer à l'examen des projets, de décider s'il convient de solliciter le concours d'un autre ingénieur de l'Etat.

M. E. MONGELLAS. — La démarche de M. le Préfet n'était pas obligatoire; mû par un scrupule que la Commission appréciera, M. le Préfet avait cru devoir réclamer le concours d'un ingénieur de l'Etat; cette démarche n'ayant pas abouti, la Commission doit passer outre.

M. BOURLIER. — Ne voit aucun inconvénient à se passer du concours d'un ingénieur de l'Etat, si les projets qui sont soumis à l'examen de la Commission ne doivent donner lieu à aucune hésitation résultant de considérations techniques.

M. L'AGENT-VOYER CHEF déclare que ses propositions sont suffisamment nettes et précises pour que la Commission puisse se prononcer en toute connaissance de cause, suivant la mission qu'elle a reçue du Conseil général.

Après un échange d'explications entre les membres présents, la Commission reconnaît à l'unanimité qu'elle a le devoir de ne pas surseoir à l'examen des projets et à leur classification, en vue de l'adjudication qui devra être tranchée sans retard, conformément à la volonté formulée par le Conseil général.

M. BOURLIER croit qu'il serait nécessaire, avant l'ouverture des plis contenant les propositions des soumissionnaires, d'arrêter le système qui conviendrait le mieux à chacune des rivières sur lequelles des ponts sont projetés. Il n'est pas admissible, selon lui, que des systèmes différents puissent être admis pour un même pont; la différence des prix les rendant, *à priori*, non comparables.

Cette proposition, appuyée par M. Lafitte, est repoussée par la Commission.

PONT SUR L'OUED DJEMAA

M. LE PRÉSIDENT ouvre le pli contenant les projets de construction d'un pont sur l'oued Djemaâ.

Il est donné lecture des rapports suivants de l'agent-voyer d'arrondissement et de l'agent-voyer en chef.

RAPPORTS DE L'INSPECTEUR-VOYER
—
ROUTE DÉPARTEMENTALE N° 7
—
Travaux neufs et de grosses réparations
—
CONSTRUCTION D'UN PONT MÉTALLIQUE ET DE DEUX OUVRAGES ACCESSOIRES SUR L'OUED-DJEMMAA.
—
PROJET : *TOUT-OU-RIEN*

Le projet présenté sous l'épigraphe *Tout-ou-rien*, en vue de l'établissement d'un pont sur l'oued Djemâa, pour le passage de la route départementale n° 7, de Blida à l'Alma, comporte plusieurs solutions.

Nous estimons toutefois que nous n'avons pas à les examiner, attendu qu'elles reposent sur une interprétation erronée de la circulaire ministérielle du 9 juillet 1877 et ne sont point du reste en rapport avec les conditions imposées. C'est ce que nous allons démontrer.

Si l'on se reporte aux notes jointes à l'appui du projet précité, on y trouve l'interprétation suivante, d'après le constructeur, de la circulaire ministérielle sus-indiquée :

« Selon les articles 9 et 11 de la soumission, les calculs et

» les épreuves devront être faits conformément à la circu-
» laire ministérielle du 9 juillet 1877. Or, aux termes de cette
» circulaire, on voit qu'en ce qui concerne les épreuves de
» poids roulants, le tablier ne peut porter à la fois plus d'une
» file de voitures, car elle prescrit pour les calculs (art. 3)
» le passage de files de voitures de 11 т. à 2 roues et de
» 16 т. à 4 roues, en supposant qu'une file de voitures occupe
» une zone de 2^m50 de largeur, et plus loin, pour les épreu-
» ves (art. 4), il est dit qu'on fera passer au pas sur le tablier
» autant de voitures qu'il en pourra contenir avec leurs atte-
» lages, sur le nombre de files que comporte la largeur du
» pont. En sorte que pour les pièces du pont sur lesquelles
» il ne peut passer qu'une seule voiture, il est évident que
» ce sont les voitures de 11 т. à 2 roues qui sont le plus
» défavorables. »

Partant de cette conclusion, le constructeur a calculé les
poutres et autres pièces des ponts dont il présente les projets
dans l'hypothèse du passage d'une seule file de voitures.

Or, le programme imposé au soumissionnaire porte entre
autres choses, à la page, 7, article 4 : « Il sera présenté à
l'appui du projet un mémoire dans lequel seront justifiées
toutes les dispositions proposées. Ce mémoire donnera le
détail des calculs au moyen desquels on se sera assuré que
les diverses parties de la construction (en métal, en maçonnerie, en charpente) *sont susceptibles de résister aux efforts
qu'elles auront à supporter*, savoir : 1°......; 2° dans l'hypothèse où le pont livrera simultanément passage à deux voitures chargées chacune du poids de 16 tonnes. »

Il est donc d'une évidence absolue que les projets présentés doivent être dressés en vue du passage, sur le pont à
établir, de deux files de voitures du poids de 16 t. et que les
calculs établis dans l'hypothèse admise par le constructeur
conduisent inévitablement à adopter, pour toutes les parties
de l'ouvrage, des dimensions qui ne sont plus en rapport
avec les efforts à supporter. C'est-à-dire que, dans le cas qui
nous occupe, le travail du métal, par exemple, serait en
réalité double de celui qui est indiqué, ou, en d'autres ter-

mes, les diverses pièces du pont n'ont été calculées que pour résister à des efforts inférieurs de moitié à ceux auxquels l'administration a le droit de les soumettre, par application pure et simple des conditions imposées.

On pourrait se demander comment il se fait que le constructeur, en cherchant à se conformer aux articles 9 et 11 de la soumission soit resté en deçà des exigences du programme. Ainsi que nous l'avons dit en commençant, ce fait résulte d'une fausse interprétation de la circulaire ministérielle du 9 juillet 1877 sus-désignée.

La dite circulaire, en effet, indique bien que l'on supposera en faisant les épreuves qu'une file de voitures occupe une zone de 2^{m}50 de largeur, mais cela n'implique en aucune façon, comme l'admet l'intéressé, qu'il ne pourra passer sur le pont en question avec la largeur de voie (4^{m}50) adoptée, qu'une seule file de voitures.

Cette proposition est facile à démontrer.

En effet, soit un essieu de 1^{m}50, la largeur du chargement au sommet étant de 2^{m}50, la saillie au-dessus de chaque roue est égale à 0^{m}50 et quand l'une des roues sera appuyée le long de la bordure du trottoir, cette saillie se trouvera au-dessus du dit trottoir, de sorte que la file de voitures placée de cette façon et circulant sur le pont n'occupera réellement que 2^m de la voie charretière. Il résulte évidemment de ce qui précède que l'on pourra mettre, dans ces conditions, deux files de voitures sur le pont et qu'il restera entre elles, au milieu de la voie, une largeur de 0^{m}50 libre pour leurs mouvements. En admettant que les roues extérieures ne suivent pas exactement le bord des trottoirs, mais en passent à 0^{m}10, la largeur libre que nous venons de constater serait réduite à 0^{m}30 et serait, à la rigueur, encore suffisante. Il nous paraît inutile de faire remarquer que la largeur des essieux pourrait être portée à 1^{m}60 et même à 1^{m}70 sans que ces nouvelles dimensions puissent changer en quoi que ce soit la démonstration que nous venons de faire.

CONCLUSION

Nous devons ajouter, en outre, que les dessins et métrés des ouvrages accessoires manquent complétement et qu'il est, dès lors, impossible d'apprécier la valeur des projets du soumissionnaire en ce qui les concerne. Ces projets étaient cependant peu longs et faciles à établir, bien que, comme le fait remarquer l'intéressé, l'emplacement des dits ouvrages n'ait pas été désigné sur le profil en long joint au programme. Cet emplacement, en effet, s'imposait de lui-même, et la lecture du profil en long indiquait bien suffisamment que le choix du dit emplacement devait être porté sur les points les plus bas du thalweg de l'ancien lit du cours d'eau.

En présence de cette situation et attendu : 1° Qu'il est constant que les projets présentés sous l'épigraphe *Tout-ou-rien* n'ont pas été dressés conformément aux dispositions du programme imposé par l'administration, par cette raison qu'ils sont incomplets et que les calculs qui leur ont servi de base ont été établis dans l'hypothèse du passage d'une seule file de voitures, alors que le programme précité exige que les dits calculs soient faits en admettant que deux files de voitures du poids de 16 t. chacune pourront circuler en même temps sur le pont;

2° Que l'interprétation par le constructeur de la circulaire ministérielle du 9 juillet 1877 est erronée, ainsi que nous l'avons démontré, vu qu'il est possible, en restant dans les termes de cette circulaire, de faire passer sur la voie charretière du pont qui fait l'objet du présent rapport deux files de voitures de 2ᵐ50 chacune;

3° Que le résultat immédiat du fait que nous venons d'établir et de l'interprétation dont nous avons démontré l'inexactitude a été de vicier les bases des projets sus-désignés et de faire admettre pour les ouvrages à construire des dimensions qui ne sont pas celles que l'administration a exigées, en sorte que les ouvrages dont il s'agit seraient incapables de supporter les épreuves auxquelles ils doivent être soumis;

4° Attendu encore que les conditions imposées par le programme sont de rigueur,

Le soussigné est d'avis : que les projets présentés sous l'épigraphe *Tout-ou-rien*, pour la construction du pont de l'oued Djemmâa, sur la route départementale n° 7, ne seraient susceptibles d'être admis au concours qu'après avoir été refaits à nouveau et entièrement selon les bases imposées, et qu'il y a lieu, en conséquence, de les éliminer purement et simplement.

Alger, le 24 juin 1878.

L'Agent-voyer inspecteur,
CASSOLE.

Vu par l'Agent-voyer en chef soussigné conformément à son rapport en date de ce jour,

Alger, le 29 juin 1878.
HUTTIER.

PROJET : *FRANCE*

Le projet présenté sous l'épigraphe *France* en vue de la construction d'un pont métallique sur l'Oued-Djemmâa, pour le passage de la route départementale n° 7, comporte un type unique de poutre reposant sur cinq appuis.

Le cas d'une poutre reposant sur des fondations tubulaires est le seul présenté, et, en conséquence, l'examen du projet précité ne pourrait avoir pour but que de rechercher si le constructeur a calculé les diverses parties de l'ouvrage, conformément aux conditions imposées par le programme. Une étude comparative des différents systèmes de fondations, en effet, serait sans motifs, puisque l'intéressé lui-même n'a pas cru devoir étudier de variante ni même justifier dans un mémoire les dispositions du seul système qu'il a adopté.

Du reste, l'examen précité et l'étude dont nous venons de parler nous semblent inutiles, car le projet est tellement incomplet qu'il est impossible d'en vérifier plusieurs parties.

En effet, si l'on consulte le dossier des pièces produites, on remarque qu'il n'a été fourni aucune pièce de renseignements concernant le pont de 10 mètres d'ouverture projeté en métal, si ce n'est des dessins ou plutôt des images où les cotes font presque absolument défaut.

Cette façon de faire est contraire aux conditions imposées par le programme d'abord, attendu que toutes les dispositions proposées doivent être justifiées, et ensuite nous met dans l'impossibilité de nous rendre compte de la valeur du projet.

En outre, au lieu de fournir pour ce pont les calculs qui ont servi de base à la fixation de ses dimensions, ainsi que cela est également prescrit, le constructeur s'est complétement abstenu et n'a pas même jugé utile de faire un métré de son ouvrage, cela encore contrairement au programme, page 7, article 5.

Quant au ponceau de 2 mètres d'ouverture, le mémoire, les dessins et le métré sont absolument muets en ce qui le concerne ; cependant des plans, coupes et élévations, auraient dû être produits pour ce pont comme pour les autres par cette raison que, malgré son peu d'importance, il convient néanmoins de l'établir dans des conditions de stabilité qui ne laissent rien à désirer et qu'il ne faut pas, en conséquence, laisser au constructeur la liberté d'en fixer à sa guise les dimensions.

Si nous faisons remarquer encore que l'élévation longitudinale du grand pont, ainsi que le plan d'ensemble des abords de cet ouvrage sur 20 mètres en arrière de la face vue de chaque culée parallèle au fil de l'eau, sont également incomplets, nous aurons démontré, après ce qui précède, que le soumissionnaire a présenté son projet sans tenir aucun compte des conditions imposées au programme, dont l'exécution est cependant de rigueur.

En présence de cette situation, la question de savoir si le projet qui nous occupe peut être admis au concours tel qu'il est présenté, se résout d'elle-même négativement par cette raison que les pièces à l'appui ne renferment pas les éléments indispensables à la vérification préalable à laquelle ledit pro-jet doit être soumis conformément au programme précité.

En conséquence et attendu : 1° que l'auteur du projet présenté sous l'épigraphe *France* ne s'est pas conformé en rédigeant ledit projet au programme qui lui avait été remis par l'Administration ; 2° qu'il est censé avoir agi ainsi volontairement et en parfaite connaissance de cause ; 3° que son projet renferme des lacunes qu'il ne peut être autorisé à remplir par aucune disposition du programme ; le soussigné est d'avis qu'il y a lieu, en vertu de l'article 10 de la soumission imposée aux constructeurs de décider que le projet présenté sous l'épigraphe *France* ne sera pas admis à l'adjudication restreinte qui doit avoir lieu en vue de la construction d'un pont métallique sur l'Oued-Djemmâa, pour le passage de la route départementale n° 7, de Blida à l'Alma.

Cette conclusion ne nous paraît pas discutable ; mais, comme les considérations sur lesquelles elle repose ont trait surtout aux ouvrages accessoires, on pourrait se demander quelle est la valeur du projet présenté en vue de l'établissement du projet principal. Nous allons répondre succinctement à cette question.

Ainsi que nous l'avons fait remarquer, le cas des fondations tubulaires est le seul étudié. Les conditions générales d'établissement du tablier métallique ont été remplies tant au point de vue du débouché horizontal libre à l'intérieur des poutres qu'à celui de la largeur de la voie et de l'établissement des bordures des trottoirs. Le dessous des poutres est établi à 3 m. 75 au-dessus de l'étiage et la longueur totale du pont entre les faces vues des culées parallèles au fil de l'axe est de 200 mètres.

La vérification des calculs a démontré que les poutres en treillis ont été employées par le constructeur dans l'hypothèse qu'elles doivent présenter une résistance égale à celle de poutres à âme pleine de mêmes dimensions.

Cette manière d'envisager la question manque de prudence, d'autant plus que la façon dont on calcule aujourd'hui les poutres en fer à treillis ne donne pas toute la garantie d'exactitude que l'on pourrait désirer. En résumé, les dimensions proposées, acceptables pour une poutre à âme pleine, sont faibles pour celles qui sont proposées.

Nous croyons devoir faire remarquer, en outre, que si l'on interroge la feuille de dessin où se trouve l'épure des moments, on remarque que les platebandes additionnelles se terminent exactement aux points où la courbe des moments vient couper l'horizontale. Il est d'habitude de faire dépasser aux platebandes les points d'intersection d'une certaine quantité.

Les considérations qui précèdent ne font que corroborer les observations que nous avons faites au commencement de ce rapport et qui peuvent se résumer ainsi : le projet qui en fait l'objet n'a pas été sérieusement étudié.

Alger, le 24 juin 1878.

L'Agent-voyer inspecteur,
CASSOLE.

Vu par l'Agent-voyer en chef soussigné conformément à son rapport en date de ce jour,

Alger, le 29 juin 1878.
HUTTIER.

PROJET : *LABORE.*

Le projet qui fait l'objet du présent rapport a pour épigraphe *Labore* et comporte une solution unique. Nous allons d'abord en discuter les dispositions générales, ensuite nous examinerons en détail ses diverses parties pour en rechercher les conditions de stabilité et aussi afin de justifier quelques changements qui nous paraissent indispensables.

Nous commencerons par l'ouvrage principal. Le type proposé est à poutres pleines reposant sur des pieux à vis. Le tablier est divisé en deux parties distinctes, composées chacune de six travées de 16ᵐ667 de portée. Ces deux parties se rejoignent au milieu de l'ouverture totale sur une palée double formant pile-culée, où peut se faire la dilatation de chacune d'elles. Les palées simples sont composées de 4 pieux en fer de 0^m12 de diamètre et de 10^m de longueur. Les palées doubles sont formées de deux palées simples rendues solidaires par des moises répétées dans le sens longitudinal et transversalement, de façon à en assurer l'immobilité.

Sur les palées simples, le tablier est fixé d'une façon rigide, ce qui obligera les pieux à s'incliner dans une certaine mesure sous l'influence des changements de température, causes de dilatation ou de raccourcissement des poutres. Ces poutres, au nombre de quatre, sont de deux sortes : 1° les principales, placées au centre et composées d'une âme de $1,25 \times 0,008$ et de 4 cornières de $\dfrac{100 \times 100,}{12}$ 2° celles de rives formées d'une âme de $0,80 \times 0,007$ et de 4 cornières de $\dfrac{100 \times 100.}{15}$ Sur ces poutres sont placées les entretoises qui supportent le tablier, formé de tôles embouties sur lesquelles s'appuie la chaussée.

Ces dispositions ne soulèvent pas d'objections en général, aussi le constructeur se contente-t-il de les décrire sans chercher à en justifier l'ensemble. Mais il n'en est pas de même de l'assemblage rigide sur 100^m de longueur des poutres avec les palées, et l'intéressé cherche à prouver, au moyen des exemples existants, qu'il n'y a aucun inconvénient, jusqu'à la limite qu'il s'est donnée, à ce que le tablier soit rivé aux palées métalliques. A notre avis, l'exemple qu'il cite n'est pas suffisant pour faire adopter complètement sa manière de voir. Que l'assemblage rigide de la superstructure d'un pont avec ses piles ou culées n'ait pas de grands inconvénients lorsque les longueurs assemblées ne dépassent pas certaines limites, nous voulons bien l'admettre ; mais que ces longueurs puissent atteindre jusqu'à 100^m, c'est ce qui ne nous paraît pas démontré. Il n'y a, en effet, que fort peu d'ouvrages construits de cette façon, et les expériences faites sont trop peu nombreuses pour être concluantes. D'un autre côté, si l'on remarque que sous l'influence d'une température de 50° environ, la dilatation linéaire atteindra 0,0006 par mètre courant de poutre, soit 0,06 pour chacune des deux parties du pont, il deviendra facile de reconnaître que cette dilatation, gênée sur une aussi grande étendue, produira des mouvements qui ne seront certainement pas sans influence fàcheuse sur la stabilité de l'ouvrage et qu'il importe d'éviter.

C'est pourquoi nous estimons qu'il y a lieu de modifier ainsi qu'il suit la superstructure du pont qui nous occupe.

L'ouvrage serait divisé en trois parties au lieu de deux. La longueur de chacune de ces parties serait de 66,666 mesurées entre le parement vu des culées et l'axe transversal des palées. Les quatrième et huitième palées seraient doubles et du même type que celles de ce genre prévues au projet ; en outre, elles seraient munies d'appareils de dilatation de la forme indiquée. En résumé, le système du pont serait conservé, mais au lieu d'être divisé seulement au milieu, cet ouvrage serait composé de trois parties de quatre travées chacune formant une longueur de 66,666, pour tout le pont $66,666 \times 3 = 200$ mètres mesurés entre les culées. L'intervalle laissé libre entre chaque poutre sur les palées doubles pour que la dilation linéaire soit assurée, pourrait être de 0,08.

Si nous recherchons les avantages immédiats à cette nouvelle disposition, nous remarquons que sous l'influence des plus hautes températures (60°) la dilatation linéaire totale de chacune des parties du pont ne dépassera pas 0^m047, que dans les deux travées extrêmes de chaque partie, cette dilatation s'effectuera sans gêne sur les appareils disposés à cet effet et que les efforts qu'elle pourra exercer dans les travées intermédiaires seront réduites à des proportions assez restreintes pour qu'il n'y ait plus lieu de s'en préoccuper.

Ceci posé, examinons les conditions dans lesquelles les fondations sont établies.

Fondations. — L'ouvrage est posé sur deux culées en maçonneries et sur des palées métalliques que nous avons déjà décrites. Les pieux qui composent ces palées sont descendus à 6 mètres en dessous au thalweg, profondeur plus que suffisante pour être à l'abri des affouillements. Nous traiterons plus loin la question de stabilité de ces pieux. Les fondations des culées descendent seulement à 1^{m}50 au-dessous du lit de l'Oued et sont en béton. Si l'on remarque que les ouvrages à établir et les travaux de défense qui doivent être exécutés dans un avenir prochain à l'amont, sont de nature à modifier profondément le régime de l'Oued, on reconnaîtra immédiatement que ces fondations ne sont pas suffisantes. Les hautes eaux pouvant atteindre une hauteur de 2^{m}50, il y a lieu, en raison de la mobilité du sol et par suite des considérations qui précèdent, d'exiger que les fondations soient descendues à 4 mètres au moins, si le système proposé par le constructeur est conservé par lui après nos observations, ou à la même profondeur que les pieux à vis des palées, au cas où il lui conviendrait de substituer des culées métalliques à celles proposées, à quoi, du reste, nous ne verrions, pour notre compte, aucun inconvénient.

Tablier — Poutres. — Ainsi que nous l'avons dit, le tablier est posé sur ses quatre poutres, deux dites principales, au milieu, et deux, dites de rives, sur les bords. Le plan supérieur des appuis de ces poutres n'est pas le même, aussi les tôles embouties qui soutiennent la chaussée, au lieu de s'appuyer directement sur les poutres des rives comme sur celles du milieu, sont-elles rattachées aux premières qui sont plus élevées, au moyen de cornières. C'est pourquoi le constructeur a établi dans ses calculs un travail inégal de ces pièces, et nous estimons qu'il y a lieu d'admettre, avec lui, que les 2[3 des forces auxquelles ce pont paurrait être soumis s'exerceraient sur les poutres principales et un 1[3 seulement sur celles des rives. Les résistances de ces poutres sont calculées avec assez de détail (voir le mémoire justificatif du projet), pour que nous puissions nous dispenser d'insister à ce sujet; nous allons toutefois entrer dans quelques considérations.

En raison des données qui ont été imposées, le pont qui nous occupe pourra supporter, *sans qu'il soit nécessaire d'y ajouter du métal en un endroit quelconque, la surcharge de 200 kilog. indiquée en l'article 8 de la soumission, outre celle prévue par les épreuves.* C'est ce qui résulte des calculs suivants et c'est sans doute aussi pour cette raison que le constructeur dans son mémoire ne s'est pas occupé de rechercher l'addition du métal à faire dans le cas de l'hypothèse faite au dit article 8 de la soumission précitée. C'était, en effet, inutile.

Du reste, nous allons voir comment se comporteront les poutres du pont sous l'influence de cette surcharge.

Le poids du pont par mètre courant est celui-ci :

Poutre de rive $\dfrac{73.407^k}{200 \times 2}$ . . . . 183^k 52

Poutre principale $\dfrac{74.804^k}{200 \times 2}$ . . . . 187^k 01

Autres pièces $\dfrac{140.622^k}{200}$ . . . . 703^k 11

Empierrement $\dfrac{0\ 25 + 0.18}{2} \times 4.50 \times 1.800^k$ 1.741 50

Bordures de trottoirs $0.35 \times 0.18 \times 2.000^k$ . . . . . 126^k 00

Trottoirs $0.12 \times 0.57 \times 1.800^k$ . . . . 123^k 12

. 3.064^k 26

Si l'on ajoute à ce poids celui d'une surcharge de 500 kilos par mètre carré, la largeur du pont étant de 6 mètres, le poids total par mètre courant de cette surcharge sera égal à $500 \times 6^m = 3.000^k$; et l'on aura pour la charge totale par mètre courant de pont qu'auront à supporter les poutres dans le cas qui nous occupe.

Poids mort. . . . . 3.064^k 26 }

Poids additionnel. . . . . 3.000^k 00 } 6.064^k 26

Nous introduirons ce nombre [dans le calcul en le prenant égal à 6.100^k.

Cette charge répartie de la manière indiquée ci-dessus pro duira sur les poutres principales une action égale à

$$\frac{6.100 \times 2}{3} = 4.066^k\,66$$

et sur les poutres de rives égales à

$$\frac{6.100}{3} = 2.033^k\,33,$$

soit sur chaque poutre principale par mètre courant

$$\frac{4.066^k66}{2} = 2.033^k33$$

et sur chaque poutre de rive aussi par mètre courant

$$\frac{2.033\ 33}{2} = 1016^k66.$$

Dans les calculs suivants, ces deux nombres seront pris, le premier $= 2.034^k$; et le second $= 1017^k$.

Considérons l'une des travées de rive, chaque poutre peut être assimilée à un solide prismatique reposant sur deux appuis placés à ses extrémités et la résistance R nous sera donnée par la formule

$$\frac{PL^2}{8} = \frac{R\,i}{n} \quad \text{d'où} \quad R = \frac{\dfrac{PL^2}{8}}{\dfrac{i}{n}}$$

Nous aurons

$$R = \frac{\dfrac{2.034 \times 16\ 666^2}{8}}{12.394} = \frac{\dfrac{2.034 \times 277\ 76}{8}}{12.394} = \frac{70.620\ 48}{12.394} = 5^k70$$

Pour les poutres des rives, nous aurons :

$$\frac{PL^2}{8} = \frac{1.017 \times 15.666^2}{8} = \frac{1.017 \times 245\ 42}{8} = 31.199,02$$

et

$$R = \frac{\dfrac{31.199,02}{i}}{} = \frac{31.199\ 02}{8.256} = 3^k78$$

En fait, le travail que nous venons de constater sera toujours moindre dans les travées intermédiaires, attendu que les poutres étant scellées d'une façon rigide aux palées métalliques offriront une résistance supérieure au moins de 1/4 à celles de pièces de même dimension reposant sur deux appuis, c'est-à-dire qu'elles auront une tendance à se comporter comme si elles étaient encastrées.

Examinons maintenant dans quelles conditions travaillera une poutre de rive sous l'action d'un essieu de 8 tonnes. Le cas le plus défavorable se produira lors du passage d'une des roues près du trottoir, à 0^m35 de la poutre.

Supposons que la charge du charriot se répartisse uniformément sur les 4 roues, celle que nous considérons donnera sur la poutre une réaction

$$= 4.000 \times \frac{1.316}{1.687} = 3.120^k$$

Introduisons ce nombre dans la formule, ainsi que celui du poids mort et de la surcharge, nous aurons encore

$$\frac{PL}{4} + \frac{PL^2}{8} = \frac{R\,i}{n}$$

$$\frac{PL}{4} = \frac{3.120 \times 15.666}{4} = 12.219,48$$

et

$$\frac{PL^2}{8} = \frac{1.017 \times 15.666^2}{8} = \frac{1.017 \times 245\,42}{8} = 31.199,02$$

d'où

$$\frac{R\,i}{n} = 12.219\,48 + 31.199\,02 = 43.418\,50$$

et

$$R = \frac{43.418\,50}{8.256} = 5^k26.$$

Si la roue considérée était de cinq tonnes au lieu de quatre, la réaction sur la poutre serait

$$= \frac{5.000 \times 1.316}{1.687} = 3.900^k.$$

On aurait alors :

$$\frac{PL}{4} = \frac{3.900 \times 15.666}{4} = \frac{61.097.40}{4} = 15.274\ 35$$

d'où

$$\frac{Ri}{n} = 15.274\ 35 + 31.199\ 02 = 46.473\ 37$$

et

$$R = \frac{46.473,37}{8256} = 5^k63$$

Il résulte des considérations qui précèdent que les poutres proposées sont en état de résister à la charge additionnelle de 200^k par mètre courant, prévue par l'art. 8 de la soumission. En sorte que, dans la limite des prévisions de la dite soumission, aucune addition de métal ne sera nécessaire pour l'avenir. Ce fait constitue, à notre sens, un avantage réel du projet qui nous occupe sur tous les autres, au point de vue de la durée et de l'économie.

Entretoises-porteuses. La portée de ces pièces est de 1^{m}687 et leur écartement de 1^{m}111. La charge permanente qu'elles supportent est d'environ 850^k et l'épreuve la plus défavorable pour elles sera le passage en leur milieu d'une roue de fardier de 5,500^k.

Le travail total

$$M = \frac{PL}{4} + \frac{PL^2}{8} = \frac{5.500 \times 1.687}{4} + \frac{850 \times 1\ 687^2}{8}$$

$$= 2.319\ 62 + 302\ 38 = 2.622 ; \quad \frac{i}{n} = 0\ 000431$$

et

$$R = \frac{2622}{431} = 6^k08$$

En réalité, le travail de ces entretoises sera beaucoup moindre. Elles sont, en effet, rivées aux poutres d'une façon rigide et se comportent comme des encastrements pour résister aux efforts auxquels elles sont soumises.

De sorte que le travail constaté plus haut doit être au moins diminué de 1/4 et sera exactement de 4^{m}56.

Pieux. — La longueur totale de ces pieux est de 10^m, dont 3^{m}60 à 4^m au-dessus du sol et de 6^m environ au-dessous.

Dans les conditions où ils doivent être établis, nous croyons que les dits pieux peuvent être considérés, sans témérité, comme encastrés à 1^m50 au-dessous du thalweg actuel et le rapport du diamètre à la longueur sera $\dfrac{5\ 10}{0\ 12}$ = 45.833.

Or, les expériences ont démontré que pour des hauteurs comprises entre 10 et 180 fois le diamètre, le poids total P qu'on peut faire supporter à une colonne est donné par la formule suivante :

$$P = \frac{600 \times s}{1\ 55 + 0\ 0005 \left(\frac{l}{d}\right)^2}$$

Dans le cas qui nous occupe, on a :

$$P = \frac{600 \times 113\ 09}{1\ 55 + 0\ 0005 \times \left(\frac{550}{12}\right)^2} = \frac{67.854}{1\ 55 + 0\ 0005 \times 45.833^2}$$

$$= \frac{67.854}{1\ 55 + 0\ 0005 \times 2.100\ 66} = \frac{67.854}{1\ 55 + 1\ 05} = \frac{67.854}{2\ 60}$$

$$= 26.097\ 69$$

C'est-à-dire que les pieux qui composent les palées du pont devraient, pour travailler seulement à raison de 6^k par millimètre carré de section, dans les conditions où ils sont placés, ne porter chacun qu'une charge totale de 26,097 69.

Or, on peut admettre avec le constructeur que la pression exercée sur chacun de ces pieux ne dépassera pas, mais pourra atteindre 47,912^k. Le diamètre de 0,12 qui leur est attribué est en conséquence insuffisant, et si l'on remarque que le rapport entre la charge dont les pieux sont capables et celle qu'ils ont à supporter est sensiblement = 1,83, on en conclura immédiatement que les pieux proposés travailleraient à 11^k par millimètre carré, c'est-à-dire que le maximum fixé par le programme est de beaucoup dépassé.

Il est intéressant maintenant de rechercher de combien il convient d'augmenter le diamètre de ces pieux pour que les conditions du programme soient remplies, c'est-à-dire pour que le travail total qui leur sera imposé ne soit pas supérieur à 6 kilogrammes par millimètre carré de section.

Les calculs que nous croyons inutiles de détailler ici conduisent à adopter une section dont l'étendue correspond à un diamètre compris entre 0,15 et 0,16. Nous proposons d'adopter ce dernier.

Vis. — Le diamètre des vis étant de 1 m., la surface des pieux est de 7854 centimètres carrés et la pression pour $0,0001 = \dfrac{47\ 912}{7.854} = 6$ k. 08. Cette pression ne paraîtra pas exagérée si l'on remarque que pour la fondation de plusieurs ponts importants on est allé beaucoup plus loin dans des conditions presque identiques. Au pont de Bordeaux, entr'autres, la pression par centimètres carrés a a été constatée de 9 k. 40 sur gravier reposant sur du turf. Toutefois, dans le cas qui nous occupe, la couche de gravier se continuant à plusieurs mètres au-dessous des pieux et les infiltrations parfois considérables dans les Oueds d'Afrique, pouvant en s'écoulant sous le sol suivant la pente générale du thalweg, occasionner des mouvements dans les sables, soumis à de fortes pressions, nous estimons qu'il convient de réduire la pression que nous venons de constater en augmentant le diamètre des vis, que nous proposons de porter à 1 m. 40 au lieu de 1 m.; la surface d'appui sera alors de 15.394 et la pression sur le sol $= \dfrac{47.192}{15.393} = 3$ k. 07.

Action du vent. — Il nous reste à rechercher la résistance que le tablier offrira à l'action du vent et quel peut être le résultat de cette action sur le pont.

A la vitesse de 45 m. par seconde, le vent renverse les arbres et les maisons, c'est la vitesse qu'il atteint dans les ouragans les plus furieux et la plus grande pression qu'il puisse alors exercer ne dépasse pas 278 k. par mètre carré.

La longueur totale du pont, entre-appuis, est de 200 mètres, la section qui s'opposera au passage du vent ayant

1 m. 70 de hauteur, la surface totale de pression présentée par le tablier est égale à 1.70 × 200 = 3.400 m. c. Après ce que nous venons de dire, l'action du vent dans les plus fortes tempêtes ne dépassera pas 3.400 × 278 = 94.520 k. Le tablier pesant 600 tonnes, en chiffre rond, l'action maximum du vent ne sera jamais supérieure au 1⁞6 de ce poids. Il n'y a pas même d'oscillation à redouter. Celles-ci ne commencent, en effet, que quand l'action du vent exprimée en kilogrammes, atteint le 1⁞3 du poids du tablier.

En résumé, il résulte de ce qui précède que le type de pont proposé sous l'épigraphe *Labore*, satisfaira — après les modifications dont nous avons démontré la nécessité — à toutes les conditions de stabilité exigibles. Le constructeur a su même éviter de faire un ouvrage disgracieux ; ses poutres sont peu élevées et, placées sur des palées métalliques, elles ne présenteront rien de désagréable à l'œil, ce qui arrive souvent dans les ponts à poutres pleines. Les palées métalliques employées donnent à l'ouvrage un débouché maximum entre les culées ; cette considération n'est pas sans valeur, si l'on remarque que dans les grandes crues les eaux s'étendent considérablement et vont se trouver très-resserrées par suite des travaux de défense projetés en amont. En outre, ce pont présente sur tous les autres, ainsi que nous l'avons déjà dit, l'avantage d'être projeté pour résister à une surcharge de 500 k., sans qu'il soit nécessaire de la compléter par une pièce.

Toutefois, le dit projet nous parait, également en raison de nos observations précédentes, comporter avant son admission au concours, les modifications ci-après :

1° Division du tablier en trois parties au lieu de deux et, par conséquent, établissement de deux palées doubles munies d'appareils de dilatation au lieu d'une seule qui est projetée ;

2° Descente des fondations des culées à 4 m. au moins au-dessous de l'étiage, si le système proposé est conservé, ou à la même profondeur que les pieux à vis dans l'hypo-

thèse d'une culée métallique dont le choix est laissé au constructeur ;

3° *Augmentation du diamètre des pieux qui est projeté de 0,12 seulement et qui doit être porté à 0,16.*

4° *Augmentation du diamètre des vis qui est de 1 m. et qu'il convient de porter à 1 m. 40.*

PONT DE 10ᵐ D'OUVERTURE.

Ce pont est du même type que le grand pont et les dimensions de ses diverses pièces sont suffisamment justifiées dans le mémoire joint au projet, pour que nous n'ayons pas à nous en occuper ici.

Les fondations des culées, toutefois, ne sont pas descendues à une profondeur suffisante. Il est évident, en effet, que le jour où il passera un courant dans l'ancien lit, il pourrait se produire des affouillements qui mettraient le pont en danger, si les dites fondations étaient conservées telles qu'elles sont.

Il importe donc ici de modifier les prévisions du projet. *Nous proposons en conséquence que les fondations précitées soient descendues à 3ᵐ au-dessous de l'étiage.*

En outre, ce pont devrait être établi, non au point indiqué par le constructeur mais au point *le plus bas* du thalweg de l'ancien lit de l'Oued-Djemmâa, c'est-à-dire sur le bord de la rive gauche, à l'emplacement choisi par le soumissionnaire pour le pont de 2ᵐ.

PONT DE 2ᵐ.

Il n'est pas donné de détails au mémoire relativement à ce pont. Au moyen du dessin d'ensemble des ouvrages, on peut constater qu'il est projeté en maçonnerie et que ses fondations ont une épaisseur de 1ᵐ50, ce qui est insuffisant. Ces fondations devraient être descendues à une profondeur de 3ᵐ. Nous ne pouvons examiner ses dimensions ni ses conditions de stabilité, nous n'avons pas les éléments nécessaires pour cela. D'ailleurs cet ouvrage devrait être implanté au point choisi par le constructeur pour le pont de 10^m.

REMBLAIS AUX ABORDS DES OUVRAGES.

Entre le grand pont et la berge de rive gauche (côté de Blida), les terrassements sont projetés en prolongement de l'axe longitudinal du dit pont et suivant une pente de 0^{m}01 par mètre, de façon à se raccorder à la partie faite avec cette pente unique.

Sur la rive droite, les alignements indiqués au plan pour la rectification de la route aux abords du pont nous paraissent justifiés. Quant à la pente longitudinale, elle est comme celle de la rive droite, de 0^{m}01 par mètre. Elle se termine à 40^m environ au-delà du point de rencontre de la chaussée actuelle avec le plan des plus hautes eaux, c'est-à-dire que la plate-forme sera insubmersible dans tous les cas. Toutes ces dispositions nous paraissent rationnelles et bien établies.

En définitive, le projet qui fait l'objet du présent rapport est assez sérieusement étudié et se recommande par ses dispositions, qui satisfont presque complètement aux conditions imposées. Le soussigné est donc d'avis qu'il y a lieu de soumettre à l'auteur de ce projet les modifications indiquées plus haut et qu'il convient d'admettre le dit projet au concours, en exécution du programme, si ces modifications sont acceptées par l'intéressé.

Alger, le 25 juin 1878.

L'Agent-voyer inspecteur,

Cassole.

Vu par l'Agent-voyer en chef
soussigné, conformément à
son rapport en date de ce
jour,

Alger, le 29 juin 1878.

Huttier.

PROJET : *LABOR*.

Deux projets ont été présentés, sous l'épigraphe *Labor*, en vue de l'établissement d'un pont métallique et de deux ouvrages accessoires sur l'Oued-Djemmàa pour le passage de la route départementale n° 7, de Blida à l'Alma. Ces projets comportent tous les deux, pour le grand pont, des arcs de cercle métalliques en tôle, et pour les ouvrages accessoires des voûtes en maçonnerie. Nous nous occuperons d'abord de l'ouvrage principal. Cet ouvrage, dans le projet A, est composé de 7 arches de 27^{m}03 d'ouverture et de 2^{m}70 de flèche, c'est-à-dire que le surbaissement est de 1[10e. Ces arches reposent sur des piles dont les fondations descendent jusqu'à 3 mètres au-dessous de l'étiage et sont en béton coulé dans une enceinte de pieux et palplanches. Les culées sont établies de la même façon.

Au projet B, l'ouvrage précité est formé de six arches de 31^{m}666 d'ouverture et de 3^{m}10 de flèche. Ces arches sont appuyées sur deux culées et cinq piles, dont les fondations, établies au moyen de l'air comprimé, seront descendues jusqu'à l'argile, soit à des profondeurs variant entre 8 et 10 mètres au-dessous de l'étiage, sans dépasser cependant celle de 10^{m}50 environ. Nous allons examiner ensemble d'abord, et ensuite séparément, ces deux projets, qui ont été conçus d'une façon identique et dans lesquels le métal, en raison des dispositions adoptées, travaille exactement dans des conditions semblables.

A notre avis, d'après les données du programme, la meilleure solution, au point de vue de la stabilité de l'ouvrage, avec la mise en œuvre d'arcs métalliques, eût été fournie par un projet comportant : 1° l'emploi de la fonte ; 2° un tablier supporté par deux fermes seulement. Un pareil projet ne serait pas évidemment le plus économique, mais ce serait, à coup sûr, celui qui offrirait le plus de garantie, quant à la durée. Il nous parait inutile d'insister sur ce point. Les ingénieurs les plus compétents, en effet, sont tous d'accord sur ces questions, résolues complètement dans le sens que nous venons d'indiquer par des expériences nombreuses et variées. Du reste les observations qui suivent sont concluantes à ce sujet. Si l'on remarque que le fer laminé employé ordinairement dans les travaux rompt par compression sous des efforts de 30 k. environ par millimètre carré et que le coefficient qui lui est assigné dans les calculs de résistance est 6, on en conclura que dans les travaux publics on fait travailler le fer au 1⟋5ᵉ de sa résistance limite.

D'un autre côté, le coefficient attribué à la fonte travaillant par compression étant 5, et la charge qui produit l'écrasement de ce métal n'étant pas inférieure à 50 k. par millimètre carré pour les fontes de qualité ordinaire, le travail total aujourd'hui autorisé n'est que le 1⟋10ᵉ de la charge de rupture. Donc, au point de vue de la stabilité, on a au moins une garantie double de solidité et de durée en employant la fonte au lieu du fer.

Quant au nombre des fermes, il est encore reconnu que la répartition du métal peut se faire aussi rationnellement dans les ponts à deux fermes que dans ceux qui en ont davantage, et que les premiers ont sur les seconds cet avantage considérable que chaque arc travaille également dans les ponts où le tablier repose sur deux fermes, tandis qu'il n'en est plus ainsi quand ce nombre est dépassé.

Les procès-verbaux d'épreuve d'un grand nombre de ponts constatent l'exactitude de cette assertion.

Il est donc permis de conclure de ce qui précède que le constructeur, dans ses projets, n'a pas donné, au problème, la meilleure solution possible. Après avoir constaté ce fait, nous allons examiner s'il a sastifait aux conditions du programme.

PROJET A

Fondations. — Le lit de l'Oued Djemmâa, du côté de l'Arba, n'a pas de berge, aussi dans la saison d'hiver, les crues occupent parfois de largeurs considérables. Lorsque le pont sera établi et complété par les travaux projetés pour défendre le village de l'Arba contre les envahissements de l'Oued précité, les plus grandes seront nécessairement contenues dans un espace de 200 mètres.

La cote actuelle des plus hautes eaux, sera, en conséquence, dépassée, la vitesse augmentera, et il est à peu près certain que le régime actuel de l'Oued sera modifié et qne des dénivellations importantes se produiront sous le pout et aux abords de façon à changer complétement le thalweg actuel.

En présence de pareilles éventualités, des fondations descendues à 3 m. au-dessous de l'étiage, sont-elles suffisantes ? Evidemment non.

Dès lors, nous sommes d'avis qu'il y a lieu de demander au constructeur de modifier ses propositions dans l'hypothèse :

1° Où les fondations établies d'après le système qu'il propose seraient descendues jusqu'à une profondeur de 4 m. au-dessous de l'étiage ;

2° Dans le cas où les dites fondations seraient construites sur pilotis aux moyen de pieux en fer descendant à 6 m. environ au-dessous de l'étiage et reliés solidairement entr'eux de la manière qu'il jugera convenable, mais au minimum sur 2 m. de hauteur, mesurés dans le sol à partir du niveau de l'étiage.

Fermes. — Il est stipulé au programme que, pour ce qui concerne les arcs métalliques, s'il en est proposé, le travail de ces arcs se calculera en divisant la poussée en chaque point par les 5⁊6 de la section normale de l'arc en ce point et que la poussée à la clef sera évalué en multipliant le poids de la demi-arche comprenant le poids des métaux, de la chaussée, des trottoirs et de la charge d'épreuve par le rapport de la demi-ouverture au double de la flèche. Ces formules ont été appliquées par le constructeur et les résultats trouvés pour le travail du métal par millimètre carré sont inférieurs à 6 k.

Poutrelles. — Pour le calcul des poutrelles, le constructeur a admis que le contact d'une roue avec la chaussée était de 0 m. 20. Ce chiffre est exagéré de beaucoup et en concédant que ce contact n'est pas, dans la pratique, un point mathématique, nous allons néanmoins envisager la question, comme s'il en était ainsi pour nous placer dans les conditions les plus défavorables. Dans cette hypothèse, les dimensions de poutrelles sont encore suffisantes. En effet, le contact s'exerçant par un point et la pression se transmettant à 45° à travers la chaussée dont l'épaisseur sera de 0 m. 20 après cylindrage, on a $P = \dfrac{2.750 \times 1.166}{1.1666}$

$\times 2 = 5.066$; $M = 2.567$ et $R = \dfrac{2.567}{448} = 5.72$.

Pressions sur les sabots et sur les retombées. — La pression sur les sabots en fonte et sur les sommiers en pierre des piles et culées s'effectue dans des conditions ordinaires. La charge supportée par la maçonnerie est de 21 k., c'est le poids, par centimètre carré, dont on peut charger en toute sécurité, d'après Vicat, de la maçonnerie ordinaire, âgée de six mois.

Pressions sur les culées, sur les fondations des culées, et sur le sol au bas de la fondation des culées. — L'épaisseur des culées est suffisante, la résistance des pressions rencontre, en effet, la base de la culée à plus de 2 m. de son parement.

Les fondations des culées étant en béton auraient pu être chargées sans inconvénient d'un poids de 5 k. par centimètre carré ; dans le projet qui nous occupe, la pression constatée ne dépasse pas 4 k.

Au bas de la fondation des culées, le sol sera chargé d'environ 30.000 k. par mètre carré ; c'est à peu près le chiffre que nous avons proposé de fixer pour les fondations avec pieux à vis du projet *Labore.*

Ce que nous venons de dire pour les culées, quant à la pression exercée sur les fondations des arches et sur le sol, peut s'appliquer au cas des piles.

Addition du métal en prévision du renforcement possible du pont pour résister à une charge d'épreuve de 500 k. par mètre carré. — Ainsi que le constate le constructeur, ce travail pourra être fait facilement par les moyens qu'il indique, mais nous avons à remarquer qu'il ne nous paraît pas être dans le vrai lorsqu'il affirme, sans doute pour légitimer l'emploi du fer, qu'avec des arcs en fonte, le travail n'aurait pu être fait que difficilement.

A notre avis, il eût été très-facile, dans le cas de voussoirs en fonte, de préparer ces pièces de façon à ce qu'elles puissent à un moment donné recevoir à l'intrados une semelle supplémentaire qui se serait adaptée aussi simplement que celles qu'il propose de mettre à l'extrados. Ceci est pour répondre à une assertion qui ne nous paraît pas complétement exacte. Nous avons à constater, qu'en résumé, le projet qui fait l'objet de ce rapport est conforme aux indications du programme et satisfait à ses exigences.

Conclusion. — Pour la mise en œuvre du type de pont proposé par le constructeur, la fonte eût été préférable au fer sous tous les rapports, excepté pourtant au point de vue de l'économie. Mais cette dernière considération ne nous paraît pas devoir entrer en ligne lorsqu'il s'agit de l'établissement d'un ouvrage aussi important que celui qui nous occupe. De plus, pour le travail du métal et vu la largeur du pont, il eût été avantageux que le nombre de fermes eût été de deux au lieu de trois.

Toutefois, après ces observations purement théoriques et sous la réserve de la modification que nous avons proposé d'apporter aux fondations, à l'article du présent rapport qui a trait à cette partie de la construction, il y a lieu de reconnaître que l'auteur du projet A présenté sous l'épigraphe *Labor* s'est scrupuleusement conformé, ainsi que nous l'avons déjà dit plus haut, aux indications du programme imposé aux soumissionnaires.

On peut observer, en outre, que l'ouvrage projeté est d'un aspect architectural qui ne laisse rien à désirer et qu'il se présente, en résumé, dans des conditions généralement satisfaisantes sous tous les rapports.

PROJET B

Ce projet de même système que le précédent, en **diffère** :

1° Quant aux fondations qui seraient exécutées par l'air comprimé ;

2° Quant à l'ouverture des arches qui est de 31 m. 666 au lieu de 27 m. 03 ;

3° Quant au nombre des dites arches qui est est de 6 au lieu de 7 ;

4° Quant aux dimensions de quelques parties de l'ouvrage qu'il a fallu mettre d'accord avec les dispositions que nous venons de signaler.

Nous allons en examiner successivement les différentes parties.

Fondations. — Le système de fondations adopté permettra de faire reposer l'ouvrage sur de l'argile, sinon compacte, du moins suffisamment résistante. En outre, ces fondations seront descendues à une profondeur qui les mettra pour toujours à l'abri des affouillements ; elles ont donc sur celles du projet A, une supériorité incontestable.

Fermes. — Pour les calculs de la résistance des fermes, le constructeur a directement employé la formule indiquée au programme pour la vérification, et, le travail de fer, d'après ses calculs, reconnus exacts, sera de 5 k. 78 à la clef et de 5 k. 79 aux retombées.

Il nous paraît inutile d'examiner ici à nouveau la question du travail des poutrelles qui supportent les voûtelettes en briques du tablier ; ces poutrelles sont en effet les mêmes que celles du pont du projet A que nous venons d'étudier en détail et il serait superflu de répéter ici que les calculs ont démontré qu'elles sont parfaitement suffisantes pour les besoins à satisfaire.

Il en est de même de la pression exerée sur sur les sabots, les sommiers, les fondations des culées, etc...

Addition du métal. — L'addition du métal qui peut devenir nécessaire pour le cas où la surcharge serait augmentée de 200 kilos, se fera dans ce pont comme dans le premier et consistera dans la juxtaposition, sur les cornières supérieures des arcs, d'une semelle supplémentaire suffisante pour donner à $\dfrac{1}{n}$ une valeur en rapport au surplus de travail imposé.

PONT DE 10ᵐ D'OUVERTURE

Ce pont est projeté en maçonnerie au projet A et au projet B, ainsi qu'il résulte des dessins et de la description faite au mémoire joint au dossier. La courbe d'intrados et un arc de cercle surbaissé de 1[5ᵉ. Les culées ont 5ᵐ50, y compris les murs en prolongement. Cette dimension est suffisante. L'épaisseur de 1ᵐ50 donnée aux fondations est certainement en rapport avec les besoins actuels, mais nous paraît faible si nous admettons qu'à un moment donné un courant puisse s'établir sous l'ouvrage qui nous occupe. Nous estimons, en conséquence, que la prudence exige que cette épaisseur doit être portée à 3ᵐ. De plus, cet ouvrage doit être implanté au point *le plus bas* du thalweg de l'ancien lit, c'est-à-dire au point choisi par le constructeur pour l'emplacement du pont de 2ᵐ.

PONT DE 2ᵐ D'OUVERTURE

Ce pont est projeté en plein cintre et en maçonnerie. L'épaisseur des piédroits est de 0ᵐ70, celle à la clef de 0ᵐ50. Cet ouvrage est complété par des murs en aile destinés à soutenir les remblais. Toutes ces dispositions peuvent être acceptées, à l'exception toutefois de la profondeur des fondations, qui doivent être de 3ᵐ au lieu de 1ᵐ50. Cet ouvrage

doit, en outre, être établi au point indiqué par le soumission
naire pour la construction du pont de 10ᵐ.

REMBLAIS AUX ABORDS DES PONTS

Nous ne parlons ici que pour mémoire des remblais de la
route aux abords du pont et des ouvrages accessoires ; il suf-
fit, en effet, de jeter un coup d'œil sur le profil en long du
projet, pour s'assurer que les pentes de raccordement qui y
sont indiquées sont inférieures à 0ᵐ02 par mètre et de tout
point acceptables.

CONCLUSION

Les deux projets A et B, qui font l'objet du présent rapport, satisfont également aux conditions du programme imposé aux soumissionnaires.

*Le projet A comporte toutefois, d'après nous, une modi-
fication indispensable, qui consiste à augmenter d'un mètre
au moins la profondeur des fondations des piles et culées
du grand pont. L'épaisseur des fondations des culées des
deux ouvrages accessoires, nous paraît également devoir
être augmentée et portée de 1ᵐ50 à 3ᵐ.*

Le projet B peut être exécuté tel qu'il est présenté et avec
toutes les garanties de solidité désirables en ce qui concerne
les fondations du grand pont.

*Quant à celles des deux ouvrages accessoires, nous avons
à présenter ici la même demande de modification que dans
le projet A.*

Pour notre compte, nous préférons le projet B au projet
A, le premier offrant plus de garanties de solidité que le second. Du reste, à un autre point de vue et ainsi que nous
l'avons déjà dit, ils se recommandent tous les deux par l'aspect architectural et élégant des ouvrages auxquels ils se
rapportent.

Alger, le 25 juin 1878.　　　　*L'Agent-voyer inspecteur,*
Vu par l'Agent-voyer en chef soussigné,　　　CASSOLE.
conformément à son rapport en date de ce jour.

Alger, le 29 juin 1878.　　　　HUTTIER.

PROJETS PRÉSENTÉS PAR DIVERS CONSTRUCTEURS

—

1° *Projet ayant l'épigraphe* TOUT OU RIEN

Ce projet, qui comporte plusieurs solutions, n'est pas conforme aux données du programme, attendu que les calculs sont basés sur l'hypothèse d'un passage d'une seule file de voitures, tandis qu'il est stipulé que le pont doit pouvoir supporter deux rangées de voitures passant simultanément.

En outre, le projet des abords du pont n'a pas été fourni, et par suite il n'est pas possible de savoir si l'auteur a prévu des dispositions relativement aux travaux accessoires. Le projet étant ainsi incomplet et n'ayant pas été rédigé conformément au programme, doit être écarté, et nous concluons à son rejet sans autre examen.

2° *Projet ayant l'épigraphe* LABOR

L'ouvrage principal se composerait de 7 arches de 27 mètres 03 d'ouverture, mais en ce qui concerne les fondations, le projet comporte deux solutions (projets A et B).

Le projet A indique l'emploi de fondations au moyen de caissons descendus à 3 m. au-dessous de l'étiage.

Conformément à l'avis exprimé dans le rapport ci-joint de M. l'Agent-Voyer d'arrondissement, nous proposons de demander au constructeur de modifier ses propositions comme il suit :

1° Soit par l'approfondissement de 1 m. des fondations des piles et culées du pont principal, et de 1 m. 50 de celles du pont de 10 m., soit par l'adoption de telles autres mesures équivalentes qu'il croirait efficaces pour prévenir les conséquences d'affouillements possibles en contre-bas du niveau inférieur des fondations projetées ;

2° D'indiquer que le pont de 10 m. sera construit près de

la rive gauche de l'ancien lit de l'Oued Djemmâa et celui de 2 m. entre le précédent et le grand pont de 200 m.

Le projet B n'a soulevé aucune objection et peut être admis au concours tel qu'il a été présenté.

3° *Projet ayant l'épigraphe* FRANCE

Ainsi qu'il est relaté au rapport ci-annexé de M. l'Agent-Voyer d'arrondissement, le détail des travaux accessoires n'est pas fourni. Le dossier ne contient pas, d'ailleurs, le mémoire justificatif des dispositions proposées pour les travaux autres que le tablier-métallique.

Ce projet est donc incomplet, et il ne peut être admis au concours.

4° *Projet ayant l'épigraphe* LABOR

Ce projet comporte une solution d'après laquelle l'ouvrage se composerait de 12 travées de 16,666 reposant sur des palées métalliques supportées par des pieux à vis.

Conformément à l'avis exprimé dans le rapport ci-joint de M. l'Agent-Voyer d'arrondissement, nous estimons qu'il y a lieu de demander au constructeur les modifications suivantes :

Pour le grand pont. — 1° Division du tablier en trois parties, au lieu de deux, et, par conséquent, établissement de deux palées doubles munies d'appareil de dilatation, au lieu d'une seule qui est projetée ou au choix du constructeur, conservation des prévisions du projet avec établissement d'un appareil de dilatation sur *chaque* palée ;

2° Descente des fondations des culées à 4 m. au moins au-dessous de l'étiage, si le système proposé est conservé ou à la même profondeur que les pieux à vis dans l'hypothèse d'une culée métallique dont le choix est laissé au constructeur ;

Augmentation du diamètre des pieux qui est projeté de 0 m. 12 seulement et qui doit être porté à 0 m. 15.

Pour les ponts accessoires. — 1° Descente des fondations à une profondeur de 3 m. au-dessous de l'étiage ;

2° Changement d'emplacement des deux ouvrages.

En résumé, quatre projets ont été présentés, et le soussigné est d'avis :

1° De rejeter le projet portant l'épigraphe *Tout ou rien* et celui ayant pour épigraphe *France* ;

2° D'admettre sous la réserve des modifications indiquées ci-dessus, le projet portant l'épigraphe *Labor* (solution A), et le projet ayant pour épigraphe *Labore ;*

3° D'admettre au concours, le projet portant l'épigraphe *Labor* (solution B).

Alger, le 30 juin 1878.

HUTTIER.

D'après les observations contenues dans ces rapports, et en suite de délibérations, la Commission écarte les projets portant pour épigraphe : *Tout ou rien — Patrie.* En ce qui concerne le projet portant pour épigraphe *Labore,* considérant que l'importance des modifications reconnues indispensables aurait pour effet sa réfection complète, décide qu'il sera également écarté.

En conséquence, les deux projets portant pour épigraphe : *Labor* l'un (solution A), avec les modifications indiquées dans le rapport de l'agent-voyer et l'autre (solution B) demeurent seuls acceptés pour l'adjudication des travaux du pont de l'oued Djemâa.

PONT SUR L'OUED MESSELMOUN

M. LE PRÉSIDENT ouvre le pli contenant les projets de construction d'un pont sur l'oued Messelmoun.

Il est donné lecture du rapport de l'agent-voyer d'arrondissement et de l'avis de l'agent-voyer chef y annexé.

VÉRIFICATION DES PROJETS PRÉSENTÉS

M. l'Agent-voyer en chef nous a transmis pour vérification, à la date du 22 mai dernier, les projets produits par des maisons de construction, en vue de concourir à l'adjudication du pont en fer à établir sur l'Oued-Messelmoun.

Ces projets, au nombre de cinq, ont été fournis par les maisons ci-après désignées :

1° *Epigraphe* TOUT OU RIEN, 1 projet;   1 pièce.
2°   *Id.*   PATRIE,   1 projet,   9 pièces.
3°   *Id.*   LABORE,   1 projet,   5 pièces.
4°   *Id.*   LABOR,   2 projets, { projet A, 7 pièces.
{ projet B, 6 pièces.

Ils donnent lieu, de notre part, aux observations consignées dans le présent rapport.

1° *Epigraphe* TOUT OU RIEN

Il ne nous a été communiqué, relativement à ce projet, qu'une simple feuille de dessins comprenant :

1° Une vue générale, à l'échelle de 0^m005 par mètre, d'un pont à deux travées égales, reposant sur deux culées et une pile à fondations tubulaires ;

2° Une vue générale, à l'échelle de 0^m001 par mètre, d'un pont à trois travées, reposant sur deux culées et deux piles à fondations ordinaires ;

3° Une vue générale à l'échelle de 0^m001 par mètre, d'un pont à cinq travées, reposant sur deux culées et quatre palées à pieux à vis.

Un projet, aussi sommairement présenté, n'est pas susceptible de vérification.

2° *Epigraphe* PATRIE

Ce projet se compose essentiellement, de deux poutres en

treillis divisées en deux travées de 25 mètres, et reposant sur deux culées et une pile.

Le dossier communiqué contient, pour toutes pièces écrites, un cahier de calculs et un avant-métré *exclusivement relatifs* à la superstructure métallique de l'ouvrage, et ce n'est que par l'examen des feuilles de dessins que l'on peut se faire une idée *générale* des dispositions adoptées pour l'établissement des appuis. Encore ces dessins, reproduits sur papier au ferro-prussiate, n'ont-ils pas, pour la plupart, une netteté suffisante.

Il aurait été, sinon impossible, du moins long et difficile, *d'examiner sérieusement* le projet, en ce qui touche les appuis ; aussi avons-nous cru devoir nous borner à vérifier les calculs produits pour la superstructure métallique. Ces calculs, eux-mêmes, contiennent des omissions et des erreurs de notation qui dénotent le peu de soin qu'on a mis à les établir. Ainsi, la charge morte, sur les pièces de pont, a été composée sans tenir compte, ni du poids propre des trottoirs, ni de la charge supplémentaire qu'ils devront supporter au moment des épreuves. En outre, la longueur des pièces, entre appuis, qui est réellement de 5^{m}786, a été réduite, *arbitrairement*, à 5^{m}60, pour le calcul du moment fléchissant. De sorte que le travail réel des pièces de pont, durant les épreuves réglementaires, serait de 8 k. 16 par millimètre carré, au lieu de 5 k. 91, chiffre accusé par le constructeur. Ces pièces devraient donc être renforcées.

Les poutres principales ont bien été calculées avec les formules de M. Bresse, comme l'indique le programme. Mais la surcharge a été composée dans l'unique hypothèse de l'épreuve par poids mort (300 k. par mètre carré ou 1800 k. par mètre courant de pont). Or, l'épreuve par poids roulant conduit, pour une travée de 44^{m}30, à une surcharge de 2600 k. par mètre courant de pont. Si l'on applique, après rectification des poids, les formules consignées dans le cours de mécanique de M. Bresse (t. III, n° 61, p. 145), on voit que le moment maximum fléchissant est, sur la pile, de 1,655,566 k. et, dans la travée de 1,060,709 k. au lieu de 145,924 k. et

91,143 k. portés au projet. Il en résulte que la poutre proposée est insuffisante. Ce n'est donc pas *quelques modifications* qu'il faudrait demander au constructeur, mais bien une réfection entière de son projet.

3° *Epigraphe* LABÔRE

Ce projet a été étudié et présenté conformément aux prescriptions du programme.

Il comporte quatre poutres pleines, divisées en cinq travées de 18 m. 08. Le tablier repose sur deux culées en maçonnerios et sur quatre palées formée par une file de pieux à vis, rendus solidaires par un système de contreventement acceptable.

La résistance des pièces, formant la superstructure métallique, a été calculée, ainsi que l'indique le programme, au moyen des formules de M. Bresse. Nous n'avons donc pas d'observations sérieuses à présenter au sujet de cette partie de l'ouvrage. Nous estimons, toutefois, que le garde-corps *en fonte* prévu au projet, serait avantageusement remplacé par un garde-corps en fer ; ce dernier, en effet, résisterait beaucoup mieux aux assauts qu'il aura certainement à subir de la part des indigènes.

Mais si le tablier offre toutes garanties de sécurité, il n'en est de même des appuis proposés.

Les culées, d'après le projet, sont assises, au niveau de l'étiage, sur un massif de béton de 1 m. 50 d'épaisseur.

La fondation de la culée rive droite se trouvera ainsi encastrée dans un sol suffisamment résistant et inaffouillable (argile très-compacte) ; mais la fondation de la culée rive gauche, reposera sur un sol très-défectueux (gravier mélangé de sable) ; il faut donc, soit la conduire jusqu'au sol résistant, qui ne s'est révélé qu'à une profondeur de sept mètres au-dessous de l'étiage, soit l'établir sur pilotis.

Les pieux à vis formant les palées métalliques, auront, d'après le projet, une longueur de dix mètres environ, dont quatre au-dessus du sol.

Le constructeur prétend que des pieux de 0 m. 12 de diamètre, placés dans ces conditions, peuvent supporter une charge de 49,830 k. avec un travail de 4 k. 4 par millimètre carré.

Cela serait vrai, si les pieux étaient installés de manière à ne pouvoir fléchir dans aucun sens ; mais nous n'admettons pas que tel soit le cas, puisqu'ils ne sont contreventés que dans le sens transversal du pont. Du reste l'auteur du projet lui-même attribue à ces pieux un certain pouvoir de flexion, lorsqu'il écrit à la deuxième page de son mémoire, les phrases qu'on va lire :

« Les quatre palées supportant le tablier, sont reliées invariablement avec les poutres, par l'intermédiaire de pieux à vis. Il n'y a aucun inconvénient à cet assemblage, *les pieux pouvant s'incliner dans une certaine mesure*, sous l'effet du changement de la température.» Or, des pieux fixés à une profondeur de six mètres ne peuvent s'incliner qu'en fléchissant. Le constructeur a donc eu tort de les calculer comme s'ils étaient absolument inflexibles.

Nous avons trouvé, qu'en faisant le travail du fer égal à 6 k. par millimètre carré et en donnant aux pieux une hauteur de 4 mètres au-dessus du sol, ils ne pourraient supporter que 32,440 k. Si la saillie des pieux, sur le plafond de la rivière, était de 5 et 6 mètres, les charges respectives qu'ils supporteraient ne seraient plus que de 27,901 et 24,214 k. On serait conduit à s'en tenir à ce dernier chiffre, si l'on supposait un affouillement de un mètre et si l'on admettait, en même temps, que l'encastrement dans un sol composé de sable et de gravier n'a réellement lieu qu'à un mètre de profondeur. Nous pensons qu'on peut admettre une pareille hypothèse, et nous en concluons que les pieux projetés travailleront effectivement à 12 k. 34 par m. c. et non pas à 4 k. 40, comme le dit le constructeur.

Il y a donc lieu, soit de les renforcer, soit de leur substituer un autre système d'appui.

Dans l'un et dans l'autre cas, nous proposerions de demander au constructeur la modification de la partie supérieure des appuis métalliques. D'après le projet, la tête des pieux à vis est rivée aux poutres par l'intermédiaire de plaques en tôle ; tandis que les extrémités de ces poutres reposent sur des chariots de dilatation adaptés aux culées en maçonnerie. Ce système, bien qu'il ait été employé en France, ne nous paraît pas à l'abri de toute critique.

Si l'on veut bien tenir compte, en effet, que la température peut varier dans les 24 heures, de 15° à 70° (ce qui correspond à un allongement de six centimètres environ pour une poutre de 90 mètres), on reconnaîtra, avec nous, que les pieux et surtout les rivets les reliant aux poutres, seront soumis à un travail incessant, peu propre à leur donner une longue durée. Le contreventement transversal des palées souffrait, lui-même, des dispositions adoptées, dans le cas où une poutre seule serait exposée aux rayons solaires, tandis que sa voisine demeurerait dans l'ombre. Cette hypothèse se réalise souvent, on le sait, dans des gorges telles que celle où doit être installé le pont qui nous occupe. Nous pensons donc, qu'il y aurait avantage à établir un appareil de friction entre le chapeau des palées et les poutres.

Enfin, l'auteur du projet n'a pas déterminé d'une façon suffisante, les travaux qu'il entend exécuter aux abords du pont, et le peu qu'il en dit est contraire aux prescriptions du programme. Il attribue, en effet, au chemin, du côté de Ténès, *une pente de 0 m. 02 jusqu'à la rencontre de la route existante* tandis que le programme exigerait l'établissement *de tous les abords, en paliers.* Il est possible, toutefois, d'atténuer cette clause, aujourd'hui que nous connaissons la hauteur des ouvrages projetés. Nous ne verrions aucun inconvénient à ce que les contructeurs soient autorisés à donner au chemin, du côté de Ténès, une déclivité de 0 m. 15 sur une longueur de 100 à 120 mètres au-delà de la culée. Mais il nous paraît utile de faire spécifier la nature des travaux que chacun entend exécuter pour *défendre les remblais du côté d'amont.* Il serait même opportun d'exiger la construction d'un aqueduc de 1 m. 50 à 2 mètres, en un point du remblai (rive gauche) qui serait ultérieurement fixé par les Agents-Voyers.

4° *Epigraphe* Labor

Cette maison produit deux projets désignés par les lettres

A et B. Ils sont présentés, l'un et l'autre, dans la forme prescrite par le programme. Mais nous avons trouvé, dans les projets de résistance du projet A, des erreurs telles, qu'il nous paraît impossible de ne pas exiger son remaniement complet ; tandis que le projet B, n'a provoqué, de notre part, que des observations de détail, pouvant amener la modification de certaines parties de la superstructure métallique.

1° PROJET *A*

Ce projet comporte l'établissement de trois poutres pleines sur deux culées en maçonnerie et cinq palées métalliques. Le pont est donc formé de six travées, savoir : deux travées extrêmes de 12 m. 80 de longueur et 4 travées intermédiaires de 16 m. 10.

Les culées présentent des garanties de stabilité suffisante. Il y aurait lieu, toutefois, d'augmenter de 0 m. 50 l'épaisseur du massif de béton servant de base à la culée rive droite. De cette façon, le massif se trouverait fortement encastré dans l'argile, au lieu d'être simplement *assis* sur cette même argile.

Les palées métalliques, bien qu'elles soient projetées conformément aux prescriptions du programme, nous paraissent devoir subir quelques modifications. Elles sont formées de quatre montants fixés, à 0 m. 75 de profondeur au-dessous de l'étiage, sur un grillage en bois de chêne, reliant lui-même les têtes de huit pieux en sapin. Ces derniers sont descendus jusqu'au sol suffisamment résistant. Ce système, qui doit être très-avantageusement adopté dans la plupart des cours d'eau en France, entraînerait, ici, sous peu de temps, la chute de l'ouvrage, par suite de l'assèchement du Messelmoun, en été, à une profondeur supérieure à 0 m. 75 au-dessous de l'étiage. La tête des pieux se trouvant exposée, tantôt à l'action de l'eau, tantôt à celle d'une température très-élevée, ne tarderait pas à pourrir. Il suffirait, ensuite, d'un affouillement de 1 m. 00, qui se produit assez fréquemment dans le Messelmoun, pour isoler complétement du sol la palée métallique proprement dite.

Il y aurait lieu, pour se mettre en garde d'une telle éven-

tualité, de noyer la partie supérieure des fondations des palées, dans un massif de béton hydraulique atteignant une profondeur de 1 m. 50 à 2 m. 00 en contre-bas de l'étiag e.

Les trois poutres principales ont été calculées, d'après le constructeur, par des formules déduites du *Théorème de Chapeyron*. La vérification faite par les formules de M. Bresse, également réduites du *Théorème de Chapeyron*, nous a conduit au tableau comparatif suivant pour le tarif du fer, aux points de plus grande fatigue :

POUTRES SOUS CHAUSSÉES — Valeurs de R		DÉSIGNATION des LIEUX	POUTRES DE RIVE — Valeurs de R	
Données par le constructeur	Données par la vérification		Données par le constructeur	Données par la vérification
$R = \frac{91364}{15925} = 5^{k}73$	$R = \frac{91798}{15925} = 5^{k}76$	1re et 5e palées	$R = \frac{48021}{8169} = 5^{k}87$	$R = \frac{53682}{8169} = 6^{k}57$
$R = \frac{97763}{16600} = 5^{k}89$	$R = \frac{98399}{16600} = 5^{k}92$	2e et 4e palées	$R = \frac{51096}{8740} = 5^{k}86$	$R = \frac{57515}{8740} = 6^{k}60$
$R = \frac{98446}{16500} = 5^{k}93$	$R = \frac{99007}{16600} = 5^{k}96$	3e palée	$R = \frac{51369}{8740} = 5^{k}89$	$R = \frac{57862}{8740} = 6^{k}64$
$R = \frac{55800}{9870} = 5^{k}65$	$R = \frac{57473}{9870} = 5^{k}82$	1e et 6e travées	$R = \frac{28921}{5470} = 5^{k}28$	$R = \frac{33562}{5470} = 6^{k}14$
$R = \frac{59460}{10206} = 5^{k}82$	$R = \frac{60085}{10206} = 5^{k}88$	2e et 5e travées	$R = \frac{30439}{5470} = 5^{k}56$	$R = \frac{35058}{5470} = 6^{k}40$
$R = \frac{58965}{10206} = 5^{k}77$	$R = \frac{61572}{10206} = 6^{k}03$	3e et 4e travées	$R = \frac{30392}{5470} = 5^{k}55$	$R = \frac{35966}{5470} = 6^{k}57$

Les différences constatées dans le tableau précédent proviennent surtout de ce qu'il n'a pas été tenu compte, dans la recherche des moments fléchissants des poutres de rive, de la surcharge de 300 k. par mètre carré, que l'on doit faire supporter aux trottoirs, *pendant les épreuves* de la voie livrée aux convois. (Circulaire ministérielle du 9 juillet 1877).

Les poutres projetées sont donc insuffisantes et doivent faire l'objet d'une *nouvelle étude complète*. Le constructeur, du reste, facilitera beaucoup sa tâche et la nôtre en consultant, ainsi que le conseille le programme, le cours de mécanique appliquée, professé par M. Bresse à l'Ecole des Ponts-et-Chaussées. (T. III, P. 17, Fig. 41).

L'établissement des remblais aux abords du pont a été convenablement projeté ; nous voudrions, cependant, que le constructeur *détermine* d'une façon plus précise la *longueur* du clayonnage qu'il doit faire pour préserver la levée de la rive gauche. Il serait bon, aussi, de lui imposer la construction d'un ouvrage de 1 m. 50 à 2 m. 00 d'ouverture, pouvant faciliter, en cas d'inondation, le passage des eaux du côté gauche au côté droit de la levée rive gauche. L'emplacement de cet ouvrage serait ultérieurement fixé par les Agents-Voyers.

2° PROJET *B*

Ce projet se compose de trois arches métalliques de 66 m. 666 d'ouverture établies sur deux culées et deux piles en maçonnerie.

La culée, rive droite, repose sur un massif de béton, de 1 m. 00 d'épaisseur, qui est lui-même *assis* sur l'argile, à 0 m. 75 au-dessous de l'étiage. Il nous paraît y avoir lieu d'augmenter de 0 m. 50 l'épaisseur de ce massif, afin de l'encastrer fortement dans le sol résistant.

La culée rive gauche et les deux piles sont établies sur des fondations tubulaires, qui offrent toutes les garanties de solidité.

La résistance des diverses pièces formant la superstructure

métallique a été calculée conformément aux prescriptions du programme. Leur vérification n'a donné lieu à observations qu'en ce qui touche les poutrelles.

Pour l'évaluation du poids transmis à chacune de ces pièces, par une roue de 5,500 k., pendant le croisement, sur le pont, de deux charrettes de 11 tonnes, le constructeur a supposé que le plan du contact de la roue, avec la chaussée, pourrait avoir 0 m. 20 d'étendue, dans le sens de la circonférence. Cette hypothèse, si elle était admise, démontrerait qu'une roue de 0 m. 75 de rayon, s'encastre dans la chaussée, à une profondeur de sept millimètres. Cela nous paraît exagéré, nous croyons nous tenir dans de justes limites, en assignant au plan de contact avec une roue, avec une chaussée bien établie, une longueur de 0 m. 10 seulement.

La charge transmise à chaque poutrelle par une roue du poids de 5,500 k. serait ainsi de 4,867 k., au lieu de 4,761 k., chiffre porté dans le mémoire du constructeur. Cette différence n'est, du reste, pas assez considérable pour augmenter sensiblement le travail de la pièce projetée. Ce travail, déduit, par le constructeur, *d'une formule qui est demeurée pour nous incompréhensible*, serait de 5 k. 49.

En faisant la recherche de ce même travail, par les formules de M. Bresse (T. III, P. 245), nous atteignons le chiffre de 7 k. 25.

Les poutrelles doivent donc être renforcées.

Pour l'établissement des remblais aux abords du pont, le constructeur attribue au chemin, du côté de Ténès, une pente de 0 m. 02 par mètre, sur une longueur de 116 m. 50, tandis que le programme exigerait la construction de tous les abords en *palier*. Il est possible, toutefois, d'atténuer cette clause, puisque nous connaissons, exactement, la hauteur de l'ouvrage projeté. Ainsi que nous l'avons déjà dit, nous ne verrions aucun inconvénient à ce que les constructeurs soient autorisés à donner au chemin, du côté de Ténès, une déclivité de 0 m. 15 sur une longueur de 100 à 200 mètres ; mais nous ne voudrions pas dépasser cette limite.

Enfin, nous considérons comme très-utile, d'assurer, en

temps de crue, le passage des eaux du côté gauche au côté droit de la levée rive gauche, par la construction d'un aque-dvc de 1 m. 50 à 2 mètres, en un point qui serait ultérieure-ment fixé par les Agents-Voyers.

En résumé, cinq projets ont été produits en vue de con-courir à l'adjudication du pont en fer à établir sur l'Oued Messelmoun.

Deux d'entre eux, Tout ou Rien et Patrie nous paraiss-ent devoir être complétement écartés, paree qu'ils n'ont pas été dressés conformément aux prescriptions du pro-gramme.

Les trois autres, Labore, Labor (projet A) et Labor (pro-jet B), pourraient être admis au concours, après avoir reçu les modifications suivantes :

LABORE

1° Substitution du fer à la fonte pour l'établissement du garde-corps ;

2° Approfondissement, jusqu'au sol résistant, de la fonda-tion de la culée (rive gauche), ou établissement de cette culée sur pilotis;

3° Renforcement des pieux à vis formant palée, ou adop-tion d'un autre système d'appuis;

4° Etablissement d'un appareil de friction sur chaque appui;

5° Adoption, sur une longueur maxima de 120 mètres, d'une pente de 0^m015 par mètre seulement, pour l'établisse-ment des remblais sur la rive gauche ;

6° Détermination rigoureuse des travaux projetés pour dé-fendre ces remblais du côté d'amont ;

7° Introduction, au projet, d'un aqueduc de 1^m50 à 2^m d'ou-verture en un point du remblai (rive gauche) qui serait ulté-rieurement fixé par les Agents-voyers.

Labor (projet A)

1° Augmentation de 0^{m}50 dans l'épaisseur du massif de béton servant de base à la culée rive droite ;

2° Etablissement, jusqu'à une profondeur de 1^{m}50 à 2^m en contrebas de l'étiage, d'un massif de béton dans lequel serait noyée la partie supérieure des fondations des palées ;

3° Renforcement des trois poutres ;

4° Détermination rigoureuse de la longueur du clayonnage projeté pour défendre le côté amont des remblais sur la rive gauche ;

5° Introduction, au projet, d'un aqueduc de 1^{m}50 à 2^m d'ouverture en un point du remblai (rive gauche) qui serait ultérieurement fixé par les Agents-voyers.

Labor (projet B)

1° Augmentation de 0^{m}50 dans l'épaisseur du massif de béton servant de base à la culée rive droite ;

2° Renforcement des poutrelles ;

3° Adoption, sur une longueur maxima de 120 mètres, d'une pente de 0^{m}015 par mètre seulement pour l'établissement des remblais sur la rive gauche ;

4° Introduction, au projet, d'un aqueduc de 1^{m}50 à 2^m d'ouverture, en un point du remblai (rive gauche) qui serait ultérieurement fixé par les Agents-voyers.

Alger, le 29 juin 1878.

J. Canard.

Avis de l'Agent-voyer en chef

Après examen de tous les projets, nous nous sommes convaincu que les observations ci-dessus sont pleinement fondées et que les conclusions de M. l'Agent-voyer inspecteur Canard doivent être adoptées en leur entier.

Par ces motifs, nous émettons l'avis qu'il y a lieu :

1° De rejeter les deux projets ayant pour épigraphe, le premier *Tout ou Rien,* et le second : *Patrie.*

2° De demander aux constructeurs, pour les deux projets portant pour épigraphe, l'un : *Labore,* l'autre : *Labor* (solutions A et B), l'introduction des modification proposées dans le rapport ci-dessus, dont nous adoptons les conclusions.

Alger, le 30 juin 1878.

HUTTIER.

M. l'Agent-voyer chef, onsulté, déclare que le projet présenté sous l'épigraphe *Labore* ne présente pas les conditions de solidité voulues, que les modifications à apporter à ce projet équivalent à sa réfection complète et qu'il y a lieu de l'écarter, si l'on ne veut pas courir le risque de se trouver dans l'impossibilité d'employer en temps utile les fonds provenant de l'emprunt départemental.

D'après les observations contenues dans le rapport et en suite des explications verbales fournies par M. l'Agent-voyer chef, la Commission écarte les projets portant pour épigraphe *Tout ou rien, Patrie, Labore, Labor* (solution A).

En conséquence, le projet portant pour épigraphe *Labor* (solution B) demeure seul accepté pour l'adjudication des travaux du pont de l'oued Messelmoun.

PONT SUR L'OUED SEBT

M. LE PRÉSIDENT ouvre le pli contenant les projets de construction d'un pont sur l'oued Sebt.

Il est donné lecture du rapport suivant de M. l'Agent-voyer chef.

VÉRIFICATION DES PROJETS PRÉSENTÉS

1° *Projet ayant pour épigraphe* TOUT OU RIEN

Le dossier est incomplet et ne contient aucune justification des dispositions proposées pour les maçonneries et les abords du pont. En outre, les calculs relatifs au tablier métallique sont basés sur l'hypothèse du passage d'une seule file de voitures, tandis que le programme indiqué formellement que le pont doit pouvoir supporter deux rangées de voitures passant simultanément.

Par ces motifs, il n'est pas possible de considérer le projet dont il s'agit comme satisfaisant aux données du programme, et il y a lieu d'en proposer le rejet.

2° *Projet ayant pour épigraphe* AFRIQUE

Le mémoire joint au dossier est muet au sujet des dispositions proposées pour les maçonneries et les fondations. Il contient, en outre, de nombreuses erreurs en ce qui concerne la partie métallique, et les formules adoptées ne sont pas celles prescrites par le programme remis aux constructeurs.

On trouve ainsi que les fers des pièces de pont travailleraient à 6 k. 91 par (0,001) au lieu de 5 k. 91 indiqués au mémoire. Les détails des calculs manquent absolument, et en présence d'une œuvre aussi imparfaite, on ne peut qu'en proposer le rejet pur et simple.

3° *Projet ayant pour épigraphe* LABOR

Ce projet comporte deux solutions :

La première (projet A) comporte l'emploi de fondations sur pilotis ; la deuxième (projet B) celui de pieux à vis, pour les palées seulement.

Dans les deux cas, l'ouvrage se composerait de 5 travées de 16 m. d'ouverture chacune.

PROJET A

Les calculs présentés par le constructeur sont erronnés en ce qui concerne les poutres de rive. La surcharge d'épreuve des trottoirs a été omise, et il en résulte les différences ci-après :

Piles de rive .... R = 6 k. 61 au lieu de 5 k. 94
Piles médianes .... R = 6   05   —   5   76

Travées de rive .... R = 6 k. 44 au lieu de 5 k. 41

Travée centrale............ R = 6   34   —   5   57

Travées intermédiaires (n°s 2 et 4)..................... R = 5   36   —   4   67

Il conviendrait donc de renforcer les poutres de manière à ne pas faire travailler les fers au-dessus de la limite de 0 k. par $(0,001)_2$.

En second lieu, la pression sur les pilotis, estimée à 41 k. 2 par $(0,01)^2$, paraît un peu forte. Nous ne nous y arrêterons pas cependant, mais il serait bon que le constructeur indiquât les moyens proposés pour empêcher le glissement des caissons de fondations sur la couche d'argile destinée à les supporter.

Sous le bénéfice de ces observations, le projet A pourrait être accepté.

PROJET B

Le projet B donne lieu à la même observation que pour le projet A en ce qui concerne les dimensions des pièces de pont, qu'il convient de renforcer.

Sous la réserve de cette modification, le projet B peut être adopté.

4° *Projet ayant pour épigraphe* LABORE

Le projet ne donne lieu qu'à une seule observation importante.

Les palées soutenues par des pieux à vis, sont indiquées comme devant être solidaires avec les poutres soutenant le tablier.

Cette solution, admissible peut-être dans une autre contrée, n'est pas possible en Algérie, eu égard aux effets de la dilatation du métal, beaucoup plus considérable ici qu'en France, car elle peut produire des allongements de 0,06 par suite des variations de la température, ainsi qu'il est expliqué dans les rapports relatifs aux ponts de l'Oued-Djemmâa et de l'Oued-Messelmoun.

Nous proposons en conséquence, afin d'éviter le devers, et peut-être le déchaussement des pieux à vis, d'établir des appareils de friction sur chaque palée, comme nous l'avons demandé pour les deux autres ouvrages précités.

En outre, l'emploi du fer est préférable à celui de la fonte pour la fabrication des garde-corps, partout où la surveillance ne peut pas être incessante. Il y aurait donc lieu de substituer des garde-corps en fer à ceux projetés en fonte par le constructeur.

Sur la réserve de ces observations le projet dont il s'agit paraît pouvoir être admis au concours.

En résumé, l'Agent-Voyer en chef soussigné a l'honneur de proposer :

1° Le rejet des deux projets ayant pour épigraphe : le premier *Tout ou rien* et le second *Afrique* ;

2° De demander aux constructeurs d'apporter les modifications ci-dessus indiquées aux projets portant l'épigraphe *Labor* (solutions A et B) et l'épigraphe *Labore*.

Alger, le 30 juin 1878.

HUTTIER.

D'après les observations contenues dans ce rapport et en suite de délibérations, la Commission écarte les projets portant pour épigraphes : *Tout-ou-rien, Afrique*.

En conséquence, les projets portant pour épigraphes : *Labor* (solution A et B) et l'épigraphe *Labore* après avoir subi les modifications indiquées dans le rapport de M. l'Agent-voyer chef seront seuls acceptés pour l'adjudication des travaux du pont sur l'oued Sebt.

PONT SUR L'OUED-BOUGDOURA

M. LE PRÉSIDENT ouvre le pli contenant les projets de construction d'un pont sur l'oued Bougdoura.

Il est donné lecture du rapport suivant de M. l'Agent voyer en chef.

VÉRIFICATION DES PROJETS PRÉSENTÉS

Les projets produits par des maisons de construction, en vue de concourir à l'adjudication du pont à établir sur l'Oued Bougdoura, sont au nombre de cinq, savoir :

1° 1 projet ayant pour épigraphe : *Tout ou Rien.*
2° 1   —   —   *Algérie.*
3° 1   —   —   *Labore.*
4° 2   —   *Labor* (Solutions A et B).

1° *Projet ayant pour épigraphe* TOUT OU RIEN

Le dossier est incomplet et ne contient aucune justification des dispositions proposées pour les maçonneries et les abords du pont. En outre, les calculs relatifs au sablier métallique sont basés sur l'hypothèse du passage d'une seule file de voitures, tandis que le programme indique formellement que le pont doit pouvoir supporter deux rangées de voitures passant simultanément.

Par ces motifs, il n'est pas possible de considérer le projet dont il s'agit comme satisfaisant aux données du programme et il y a lieu d'en proposer le renvoi.

2° *Projet ayant pour épigraphe* AFRIQUE

Le mémoire joint au dossier est muet au sujet des dispositions projetées pour les maçonneries et les fondations. Il contient, en outre, de nombreuses erreurs en ce qui concerne la partie métallique et les formules adoptées ne sont pas celles prescrites par le programme remis aux constructeurs. Les détails de ces calculs manquent absolument, et en présence d'une œuvre aussi imparfaite, on ne peut qu'en proposer le rejet pur et simple.

3° *Projet ayant pour épigraphe* LABORE

Ce projet comporte quatre poutres pleines reposant sur palées formées de pieux à vis. Il est donc conçu dans le même style que ceux de l'Oued Djemmâ, du Messelmoun et de l'Oued Sebt. Aussi donne-t-il lieu aux mêmes observations :

1° L'emploi du fer est préférable à celui de la fonte pour la fabrication des garde-corps, partout où la surveillance ne peut être incessante. Il y aurait donc lieu de substituer des garde-corps en fer à ceux projetés en fonte par le constructeur ;

2° Les fondations des culées sont loin d'être suffisantes. Il est indispensable de les pousser à une profondeur telle qu'elles se trouvent encastrées dans l'argile ;

3° Les pieux à vis formant les palées mécaniques ont été calculés comme s'ils étaient absolument inflexibles. Ils sont donc loin d'offrir la résistance que leur attribue le constructeur. En fixant le point d'encastrement des pieux à un mètre au-dessous de l'effleurement du sol et en supposant un affouillement de un mètre, les pieux projetés ne pourraient supporter que de 24 à 25 kilog. Il y a donc lieu de les renforcer ou de leur substituer un autre mode d'appui ;

4° D'après le projet, la tête des pieux à vis est rivée aux poutres par l'intermédiaire de plaques en tôle, en sorte que les extrémités *seules* des poutres reposent sur des chariots de dilatation. Les différences de température sont ici trop considérables pour permettre d'adopter un pareil système. Il y aura donc lieu d'établir un appareil de friction entre le chapeau des palées et les poutres. Le constructeur pourra, toutefois, établir un support fixe sur la palée double projetée au milieu du tablier.

4° *Projet ayant pour épigraphe* LABOR

La superstructure métallique de l'ouvrage est la même dans les deux projets. Elle ne donne lieu qu'à une seule observation. Les poutrelles, d'après le constructeur, travailleraient à 5 k. 44, tandis que si on les calcule au moyen des formules de M. Bresse, leur travail est de 7 k. 06. Il y a donc lieu de les remplacer.

Les deux projets A et B ne diffèrent que par les fondations des appuis en maçonnerie.

Dans le projet A, les piles et les culées reposent sur un massif de béton de 2 à 3 m. 00 de hauteur, coulé dans des enceintes en bois dont les pieux sont battus jusqu'à une profondeur de 5 m. 50. Ce mode de fondations pourrait suffire à la condition de donner aux massifs une hauteur constante de 4 m. 00 et de ficher les pieux d'enceinte jusqu'à une profondeur de 7 m. 00.

Les fondations tubulaires adoptées pour le projet B, offrent des garanties de solidité.

Quant à la solution mixte proposée par le constructeur, elle doit recevoir les modifications indiquées ci-dessus pour la solution A avec fondations ordinaires.

En résumé, l'Agent-Voyer en chef soussigné a l'honneur de proposer :

1° Le rejet des deux projets ayant pour épigraphe, le premier *Tout ou Rien*, et le second *Algérie* ;

2° De demander aux constructeurs d'apporter les modifications ci-dessus indiquées aux projets portant l'épigraphe *Labore* et l'épigraphe *Labor* (solution A) ;

3° D'admettre au concours le projet ayant l'épigraphe *Labor* (solution B).

Alger, le 30 juin 1878.

HUTTIER.

D'après les observations contenues dans le rapport et en vertu des explications verbales fournies par M. l'Agent-voyer chef, la commission écarte les projets portant pour épigraphe : *Tout-ou-rien, Algérie, Labore.*

En conséquence, les projets portant pour épigraphe : *Labor,* (solutions A et B), ainsi que les solutions mixtes, modifiés conformément aux propositions de M. l'Agent-voyer en chef seront seuls acceptés pour l'adjudication des travaux du pont sur l'oued Bougdoura.

Un membre croit devoir rappeler à la Commission que lorsqu'il a été procédé à l'estimation préléable des travaux de construction de ponts à exécuter, il est entré dans la pensée du Conseil général d'affecter une somme maximum à chacun des ponts projetés. Il y aurait lieu, selon lui, de prévoir le cas où les soumissions déposées excèderaient le chiffre indiqué.

La Commission, à l'unanimité, estime que M. le Préfet est lié par la délibération du Conseil général et que les prix indiqués dans cette délibération doivent être considérés comme les limites imposées aux soumissionnaires.

Les membres de la Commission,
CH. BOURLIER. — O. LAFITTE.— E. MONGELLAS. —
A. ARLÈS-DUFOUR.

Séance du 10 juillet 1878

—

PRÉSIDENCE DE M. E. MONGELLAS

—

Étaient présents : MM. Alph. Arlès-Dufour, Alphandéry, Laffite, Bourlier, Féraud, Robe.

Cette séance à laquelle assistait M. le Secrétaire général de la Préfecture est ouverte à 9 h. 1/2.

Il est donné lecture du procès-verbal de la séance du 2 juillet.

M. Bourlier pense que la similitude des épigraphes adoptées par deux des maisons au concours, a été cause d'une certaine confusion dans la rédaction du procès-verbal notamment en ce qui concerne le pont de l'Oued-Djemmâa, il demeure convaincu que la maison qui avait pris pour épigraphe *Labore* avait été admise à concourir par la commission.

M. Laffite. — Le projet ayant pour épigraphe *Labore* a été écarté par cette seule considération, développée par M. l'Agent-Voyer chef, que les remaniements auxquels ce projet devait être soumis équivalaient à sa réfection complète.

M. l'Agent-Voyer chef. — Il y a eu dans l'étude du projet de pont de l'Oued-Djemmâa, présenté par la maison qui a adopté pour épigraphe *Labore* une erreur de calcul commise par l'Agent-Voyer d'arrondissement, cette erreur entrainait des modifications considérables à apporter audit projet qui n'existent plus à l'heure qu'il est que considérablement atténuées.

M. le Président donne lecture de la lettre suivante de M. Eiffel, auteur des projets ayant pour épigraphe *Labore*.

Alger, le 9 juillet 1878.

Monsieur le Président,

Nous avons l'honneur de vous soumettre quelques observations qui nous paraissent indispensables, après la communication officielle, qui nous a été faite, des rapports de MM. les Agents-Voyers inspecteurs et de M. l'Agent-Voyer en chef, concernant le concours des ponts métalliques auxquels nous avons été invités.

Tout d'abord, nous avons éprouvé la satisfaction de voir, que les rapports de ces Messieurs concluaient à notre admission à l'adjudication pour tous les ponts, sans exception, moyennant un certain nombre de modifications.

Passant ensuite à l'examen de ces modifications, nous avons reconnu qu'elles étaient, toutes, absolument sans importance, sauf une seule qui consistait à porter le diamètre des pieux à vis de 12 à 23 centimètres, et à augmenter le diamètre des vis des dits pieux. Mais c'est une simple erreur matérielle dans le calcul de ces pieux qui avait fait juger cette modifi_ation nécessaire, et aussitôt que nous avons appelé l'attention de M. l'Agent-Voyer en chef sur ce point, il a reconnu, avec nous, qu'il n'y avait pas lieu de changer les diamètres que nous avions proposés et qu'il avait d'ailleurs admis pour deux des ponts.

Cette modification, la seule qui présentât quelque importance, étant écartée, on ne demande plus à nos projets que des changements de détails absolument insignifiants. — Cela nous donne bon espoir que la Commission nous admettra à soumissionner pour tous les ouvrages ; d'autant plus que les ponts que nous avons projetés sont tous les quatre exactement du même système et qu'ils présentent cet avantage particulier, mentionné dans les rapports, d'être établis, dès à présent, dans des conditions qui les rendent propres à supporter, sans aucun renforcement ultérieur, et par conséquent sans nouvelles dépenses, les excédants de surcharge qui sont prévus, dans un avenir prochain, pour un certain nombre d'entre eux.

Nous tenant à la disposition de la Commission pour les éclaircissements de détails qu'elle pourrait avoir à nous demander, nous vous prions, monsieur le Président, d'agréer l'assurance de notre considération la plus distinguée.

G. EIFFEL et Cie.

M. Bourlier. — Il est bien évident, et M. l'Agent-Voyer le reconnaissait lui-même, que le projet de la maison Eiffel pour le pont de l'Oued-Djemâa n'a été écarté qu'à la suite d'une erreur de calcul commise par le service de la voirie. Erreur n'est pas compte, et dans ces conditions il ne saurait entrer dans la pensée de la commission de rendre la maison, Eiffel victime d'une erreur matérielle.

La Commission à l'unanimité décide que le projet de la maison Eiffel par le pont de l'Oued-Djemmâa sera admis à l'adjudication, après adoption préalable des modifications proposées par les soins de la voirie.

M. Bourlier demande à M. l'Agent-Voyer chef, s'il maintient ses conclusions verbales en ce qui concerne les ponts de l'Oued-Messelmoun et de l'Oued-Bougdoura. M. l'Agent-Voyer chef déclare qu'il maintient ses conclusions verbales.

En raison de cette déclaration expresse, la Commission approuve le procès-verbal de la séance du 2 juillet, modifié conformément aux résolutions prises dans la présente séance dont elle adopte le procès-verbal.

M. le Secrétaire général appelle l'attention de la Commission sur les inconvénients qui résultent, d'après lui, de la mise en adjudication des quatre ponts, dans les conditions arrêtées par la Commission, c'est-à-dire en adoptant quatre projets d'un soumissionnaire et deux seulement de l'autre. Il fait remarquer que le premier aura tout avantage et pourra facilement faire, par une nouvelle soumission, au moment de l'adjudication, des rabais considérables sur les projets pour lesquels il y a un concurrent admis, tandis qu'il pourra élever d'une manière notable ses offres, en ce qui touche les deux ponts pour lesquels ses projets seuls auront été adoptés.

Dans ces conditions, M. le Secrétaire général préfèrerait ne mettre en adjudication que les deux projets pour lesquels les deux concurrents ont été admis, sauf à ouvrir un nouveau concours pour les deux ponts restant.

Dans le cas où la Commission n'admettrait pas cette solution, le Secrétaire général insiste pour que son observation soit consignée au procès-verbal.

Séance du 23 juillet 1878

—

PRÉSIDENCE DE E. MONGELLAS

—

Etaient présents : MM. Robe, Alphandéry, Alph. Arlès-Dufour, Bourlier, Laffite, Féraud.

La séance est ouverte à 2 heures.

M. le Secrétaire général y assiste.

M. le Secrétaire rend compte du résultat de l'adjudication de quatre grands ponts métalliques.

Le pont de l'Oued Djemmáa a été adjugé à la maison Eiffel pour 273,940 fr.

Le pont sur l'Oued-Bougdoua à la maison Joret pour 248,500 fr.

Le pont sur l'Oued-Sebt à la maison Joret pour 111,000 fr.

Les offres faites pour le pont de l'Oued-Messelmoun ayant dépassé les prévisions du Conseil général, ce pont n'a pas été adjugé.

M. le Secrétaire général donne lecture de la lettre suivante :

Monsieur le Préfet,

En suite du résultat de l'adjudication du 22 courant pour le pont sur l'Oued-Messelmoun, nous avons l'honneur de vous demander de vouloir bien soumettre à l'examen de la Commission des travaux la proposition nouvelle que nous vous adressons par notre soumission ci-jointe.

Nous croyons pouvoir invoquer à cet effet ce principe d'adjudication généralement admis en pareille circonstance, à savoir, lorsque l'Administration ne croit pas devoir donner suite au prix d'une adjudication résultant cependant d'un concours de projets, par le seul fait d'un dépassement sur le crédit alloué, elle peut être autorisée à traiter, après l'adjudication, de gré à gré avec l'auteur du projet primé sur la base d'un nouveau prix rentrant dans ses prévisions.

Nous offrons, moyennant un changement dans le système de fondation du pont, toutes les autres parties de notre projet B étant maintenues, d'exécuter cet ouvrage à forfait, pour le prix réduit de 163,000 fr.

Or, notre prix nouveau rentrerait dans les prévisions du Conseil général, sans une augmentation de moins d'un dixième primitivement admise par la Commission spéciale, il nous paraît susceptible d'être accepté, si on veut bien tenir compte que notre offre d'adjudication qui a été écartée résulte principalement du système de fondation qui a été adopté avec notre projet B, et d'autre part, de ce fait que l'estimation première de ce pont, manifestement insuffisante, devait être basée sur un tout autre système de sa construction.

Dans le cas, toutefois, où la Commission croirait ne pas devoir accepter notre offre nouvelle, nous aurions l'honneur de vous demander, monsieur le Préfet, de vouloir bien soumettre le résultat de cette adjudication au Conseil général dans sa prochaine session.

Car il nous paraît de toute équité, monsieur le Préfet, que le fait d'avoir eu un projet primé au concours, constitue en notre faveur en quelque sorte un droit de primauté, soit pour un nouvel examen de nos propositions, soit à l'effet de traiter de gré à gré avec nous sur des bases nouvelles, et que dans tous les cas, nous ne saurions être appelés à une nouvelle adjudication, après que nos offres premières auront été rendues publiques par le fait même de l'adjudication.

Veuillez agréer, monsieur le Préfet, l'assurance de notre très-respectueuse considération.

P. H. JORET et Cie.

M. Alphandéry. — Les pouvoirs de la Commission sont expirés, elle n'a pas mission de statuer sur les résultats de l'adjudication.

M. le Secrétaire général. — La Commission a été constituée par le Conseil général, en vue de la construction de quatre ponts métalliques, l'un d'eux n'ayant pas été adjugé, il appartient à la Commission de prendre, à son sujet, telle décision qu'elle jugera à propos.

M. Laffite. — M. le Secrétaire général nous dit que trois ponts ont été adjugés et que le quatrième n'a pu l'être, le soumissionnaire ayant dépassé le prix limite fixé par le Conseil général.

Il tient à dire qu'il n'y a jamais eu de prix limite fixé par le Conseil général ; que ceux qui figurent dans le recueil des procès-verbaux sont des prix fantaisistes qui ne reposent sur rien, aucune étude préalable n'ayant été faite.

Il est certain d'un autre côté que les constructeurs n'ont pas été prévenus de l'existence d'un prix limite pour chaque pont, car ils ne nous auraient évidemment pas soumis des projets présentant des dépassements. Non-seulement le Conseil général n'a pas entendu fixer de prix limite, mais les sommes qu'il a votées l'ont été simplement à titre de prévision ; cela est si vrai que pour le pont d'Oued-Sebt et celui de l'Oued-Messelmoun, on a prévu la même somme, et cependant ce dernier a 10 m. d'ouverture et 2 m. de hauteur de plus que le premier et exigera comme terrassements aux abords une dépense d'au moins 15,000 fr. ; on ne peut pas dire, aujourd'hui, qu'on a donné aux compagnies des bases suffisantes pour asseoir un projet; quand la question des ponts est venue en discussion au sein de la Commission, on a refusé de prévoir le cas où un seul soumissionnaire serait admis à concourir ; quatre systèmes, sur sa demande ont été produits, la Commission a cru devoir adopter celui à piles tubulaires, c'est-à-dire le plus cher, et écarter tous les autres, dans la pensée qu'un prix limite avait été fixé ; c'était presque vouloir empêcher la construction de ce pont qui, évidemment devait coûter plus de 150,000 fr. Il allait donc au contraire écarter celui-là et prendre un autre système.

Il estime que la Commission n'a pas le droit de ne pas traiter avec M. Joret, seul admis au concours ; elle peut tout au plus l'inviter à se renfermer strictement dans les limites fixées par le Conseil général accrues d'un 10ᵉ ainsi que la Commission l'avait primitivement décidé ; il importe que la construction de ce pont marche rapidement, les populations dont la récolte a été mauvaise, l'attendent avec impatience pour avoir du travail ; il ne faut pas que l'on puisse dire que la partie Ouest du département est constamment sacrifiée à la partie Est.

M. Robe. — Il ne s'agit pas de savoir si la construction du pont de l'Oued-Messelmoun s'impose au département aujourd'hui plutôt que dans six mois ; il est certainement fâcheux que l'adjudication n'ait pas abouti, mais c'est au sein du Conseil général que les observations présentées par M. Laffite auraient dû prendre place ; il s'est trompé de temps et de lieu.

On ne doit pas perdre de vue que la Commission spéciale des travaux publics a un caractère purement consultatif et que le Préfet a seul qualité pour assumer une responsabilité.

L'adjudication n'a pas abouti, puisqu'il y a eu dépassement du prix limite fixé par l'Administration. Dans ces conditions deux solutions s'imposent fatalement : procéder à une nouvelle adjudication ou traiter de gré à gré avec l'entrepreneur soumissionnaire ou avec tout autre.

Il est parfaitement admissible que le Préfet traite de gré à gré avec un constructeur ; cette manière de faire ayant été souvent mise en pratique ; mais s'il est un cas où cela ne soit pas possible, c'est certainement dans le cas qui nous occupe et où l'Administration n'a fait que suivre la ligne de conduite qui lui était tracée par une Commission spéciale qui elle-même n'a procédé qu'en s'entourant de précautions toutes particulières. Il lui paraît impossible dans ces conditions, que le Préfet ose prendre sur lui de procéder à une adjudication restreinte sans assumer devant l'opinion publique une responsabilité trop lourde, étant donné le but que l'on se propose d'atteindre.

Le Préfet n'est pas tenu de prévenir les entrepreneurs qu'un prix limite sera fixé; le prix qu'il impose, bon ou mauvais, est obligatoire ; nul ne peut s'y soustraire et les soumissionnaires sont tenus de s'y soumettre.

M. E. Mongellas. — Le Conseil général, sur un amendement présenté par M. Robe, a fixé pour chaque pont un maximum de dépenses ; des prix limites ont été imposés par la Commission, malgré les observations présentées par M. Laffite, et qu'il ne fait que reproduire aujourd'hui.

M. le Secrétaire général. — Le prix limite a d'ailleurs été notifié aux entrepreneurs dix jours avant l'ouverture des soumissions.

M. Bourlier. — Puisque M. Laffite croit pouvoir établir une distinction entre les régions de l'Est et de l'Ouest du département, je lui demanderai de quel droit il a réclamé au Conseil général un pont desservant exclusivement un chemin de grande communication. N'est-ce pas là une faveur exceptionnelle et croit-il qu'il ne soit pas presque monstrueux de voir le département consentir à dépenser près d'un million pour relier à Cherchell un village qui mérite à peine ce nom.

Et sur quelles données le Conseil général s'est-il appuyé pour consentir des travaux de cette importance ? Sur les simples affirmations du Conseiller général de la circonsconscription qui a déclaré qu'un filon de fer traversait la rivière...

M. Lafitte. — J'ai défendu les intérêts de mes commettants, comme c'était mon devoir.

M. Bourlier. — Puisque M. Laffite croit devoir m'interrompre, je renonce à la parole.

M. Alphandery. — Le prix limite est presque toujours obligatoire, et dans les circonstances actuelles, alors qu'un seul soumissionnaire était admis à concourir, il s'imposait aussi bien à la Commission qu'à l'Administration. En présence des résultats de l'adjudication, trois solutions s'imposent à nous : recourir à une nouvelle adjudication, en modifiant les bases du programme; traiter avec la maison Joret, en l'invitant à se renfermer dans la limite des prix fixés par le Conseil général; attendre la réunion de cette Assemblée.

M. Lafitte. — Demande que la question soit réservée pour être portée devant le Conseil.

M. Arlès-Dufour. — Si l'adjudication pour le pont de l'Oued Messelmoun n'a pas abouti, M. Laffite doit en assumer toute la responsabilité, puisqu'il s'est constamment opposé à l'adoption des deux projets.

M. Robe. — Ce n'est pas une affaire nouvelle que celle que nous traitons aujourd'hui; une adjudication n'a pas abouti, cela se voit tous les jours; c'est au Préfet qu'il appartient de procéder à nouveau comme si rien n'avait été fait.

La proposition de M. Laffite est mise aux voix et repoussée.

Après un échange d'observations et sur la proposition de M. Robe, la Commission décide qu'il sera procédé à une nouvelle adjudication dans les mêmes conditions que les précédentes, et que les projets devront être déposés le 1er septembre au plus tard, l'adjudication étant fixée au 20 du même mois.

M. le Secrétaire général demande que l'on supprime, comme inutile, la condition imposée aux entrepreneurs de ne pas se faire connaître avant l'ouverture des soumissions.

Cette proposition, mise aux voix, est adoptée.

La séance est levée à 5 heures.

Les membres de la Commission,
E. Mongelllas. — Alp. Arlès-Dufour.
— Bourlier. — Alphandéry. Robe.
— Laffite. Féraud.